REDEN IST SILBER, SCHREIBEN IST GOLD

Thomas Brezina:
Reden ist Silber, Schreiben ist Gold

Cover: Bastian Welzer
Satz: Bastian Welzer

Gesetzt in der Premiera
Gedruckt in Deutschland

1   2   3   4   5   —   27   26   25   24

ISBN: 978-3-99001-739-5

Thomas Brezina

Reden ist Silber, Schreiben ist Gold

Wie auch du einen Bestseller schreiben kannst

edition a

INHALT

Jeder Mensch kann einen Bestseller schreiben

Das ist mein voller Ernst.

Jeder Mensch, der etwas zu erzählen hat, kann erleben, dass aus seinem Buch ein Bestseller wird.

Das, was du erzählst, muss Menschen allerdings berühren und auf irgendeine Art begeistern. Je mehr Menschen sich für deine Geschichte interessieren, desto größer der Erfolg.

Das Wichtigste ist und bleibt: Was auch immer du im Kopf hast, muss von dort hinaus und auf Papier, in einen Laptop oder sonst wo hinkommen, wo es lesbar wird.

Das magische Wort heißt: *schreiben!*

Oder auch diktieren. Die Romanautorin Barbara Cartland bevorzugte es, ihre Bücher im Gehen oder im Liegen auf ihrem Sofa einer Sekretärin zu diktieren. Auf diese Weise schaffte sie es, alle zwei Wochen einen neuen Liebesroman fertigzustellen.

Insgesamt hat sie 738 Bücher veröffentlicht, die eine Auflage von einer Milliarde erreicht haben. Dass sie belächelt wurde und die Kritik sie entweder nicht beachtete oder verriss, war ihr herzlich egal. Übrigens hat sie die Titelbilder ihrer Bücher selbst gemalt.

Barbara Cartland ist auf dem großen Spektrum des Schreibens in ihrer Produktivität an einem Ende anzutreffen, auf das auch ich mich zubewege. In meinem Schriftstellerleben habe ich 620 Bücher geschrieben

(Stand Juni 2024) und ich habe nicht vor, aufzuhören. Auch wenn ich nicht die Auflagenhöhe von Barbara Cartland erreicht habe, gehören das Ausdenken von Geschichten und das Schreiben zu meinen höchsten Lebensgefühlen.

Es geht aber auch völlig anders. J. D. Salinger schrieb einen einzigen Roman in seinem Leben, der zum Welterfolg wurde: *Der Fänger im Roggen*. Übrigens auch eines meiner Lieblingsbücher. Es geht um den 16-jährigen Holden, der aus dem Internat geworfen wird und daraufhin drei Tage durch New York streift. Holden sträubt sich gegen die Erwartungen der Erwachsenenwelt und fühlt sich gleichzeitig von Erwachsenen nicht ernst genommen.

Im englischsprachigen Raum wurde der Roman nach dem Erscheinen in einigen Ländern verboten. Er enthält 255 Mal den Ausdruck *goddamn* und 44 Mal das Wort *fuck*.

Heute gilt J. D. Salinger als einer der meistgelesenen amerikanischen Autoren der Zeit nach dem Zweiten Weltkrieg, obwohl er nach dem Roman nur noch einige Kurzgeschichten schrieb und in den letzten fünfzig Jahren seines Lebens überhaupt nichts mehr veröffentlichte. Bis heute wurde das Buch geschätzte sechzig Millionen Mal verkauft.

So unterschiedlich sie auch waren, Barbara Cartland und J. D. Salinger haben beide etwas gemeinsam:

Sie haben beide geschrieben, was aus ihnen raus musste.

Bei der ehemaligen Klatschreporterin Cartland waren es Liebesgeschichten, bei Salinger sein Empfinden über die Welt, in der erwachsene Menschen behaupten, allwissend zu sein, und dabei gekünstelt und unecht klingen.

Barbara Cartland stillte das Verlangen vieler nach Romantik und Liebe, J. D. Salinger spricht bis heute vor allem jüngeren Menschen aus dem Herzen, weil sie genauso empfinden und sich in seiner Geschichte verstanden fühlen.

Weder Cartland noch Salinger setzten sich an ihre Schreibtische oder legten sich auf ihre Couch und dachten:

So, jetzt schreibe ich einen Weltbestseller!

Ist es überhaupt wichtig, einen Bestseller zu verfassen? Nein!

Es sei denn, deine Lebensplanung umfasst viele Dinge, die kostspielig sind und die du auf diese Weise finanzieren willst. An diesem Punkt möchte ich dich aber warnen: Das wird dir mit dem Schreiben von Büchern mit fast hundertprozentiger Sicherheit nicht gelingen.

Wenn du schreiben willst, vergiss jede Erwartung an Verkäufe. Je mehr du darauf pfeifst und dich ausschließlich auf deine Geschichte konzentrierst, desto größer die Chance, dass dein Buch ein Erfolg werden könnte.

Außerdem musst du keinen Roman schreiben. Ratgeber oder die Aufzeichnung persönlicher Erlebnisse wollen genauso gelesen werden.

Ich verspreche dir an dieser Stelle eines:

In diesem Buch erfährst du meine eigenen Erfahrungen und Erlebnisse über das Schreiben. Ich verrate dir Tricks, die mir nützlich sind, und schildere, was ich im Laufe der Jahre gelernt habe.

Ich erzähle auch von den Schreibtricks anderer Autorinnen und Autoren, von denen ich erfahren habe.

Du bekommst keine Rezepte mit Geling-Garantie, weil es die nicht gibt. Wer auch immer behauptet, die Anleitung zum Schreiben des perfekten Romans zu besitzen, lügt. Hätte dieser Mensch sie wirklich, würde er oder sie doch einen Bestseller nach dem anderen landen, statt über das Schreiben zu faseln.

Ich schmiere dir auch keinen Honig ums Maul, dass du dazu geboren bist, den nächsten Weltbestseller zu schreiben. Schließlich kenne ich dich nicht persönlich und Talent hat aus meiner Sicht überhaupt nur eine Bedeutung von 22,7 Prozent beim Schreiben. (Vielleicht sind es auch nur zwanzig Prozent oder sogar dreißig Prozent, aber 22,7 klingt einfach professioneller.)

Mit diesem Buch möchte ich:

o deine Begeisterung für das Schreiben anfachen
o zeigen, dass die Freude am Schreiben sich manchmal sehr gut versteckt
o dir Mut und Tricks mitgeben, damit du erzählst, was du erzählen willst

Wenn du der Meinung bist, eine Geschichte zu kennen, die das Zeug zum Bestseller hat, sollst du sie schreiben.

Denn die größte Bibliothek der Welt besteht aus kilometerlangen Regalen mit Millionen Büchern, die alle leer sind und denselben Titel tragen:

Ich habe eine gute Idee, aber ...

Oft werde ich gefragt, was man tun muss, um ein Buch zu schreiben.

Ich finde, es gibt nur eine Antwort:

Schreiben !!!

VERTRAG

Ich, *[dein Name]*........................., erkläre hiermit, dass ich für die Dauer des Lesens dieses Buches und für die Zeit, in der ich an meinem Buch schreibe, ...

... gegenüber anderen nicht laut verkünden werde, dass ich an einem Buch schreibe.

... jegliches Spähen nach Erfolg bleiben lasse.

... ausschließlich deshalb schreibe, weil es mich begeistert und fasziniert.

... mich mit keiner Autorin und keinem Autor vergleichen werde.

... mich anfangs für jede Zeile, später für jede Seite, die ich schaffe, ausgiebig loben werde.

... auf Beschimpfungen meiner Person in meinem Kopf verzichten werde.

... niemandem, von dem ich nicht garantiert weiß, dass er/sie nur mein Bestes will, meine geschriebenen Seiten zeigen werde.

... immer daran denke, dass ein frisch geschriebenes Kapitel wie eine Pflanze ist, die gerade aus der Erde wächst.

... mir dessen bewusst bin, dass ich mich beim Schreiben oder kurz danach so fühlen kann, als hätte mir jemand die Haut abgezogen.

... die tödlichsten Wörter überhaupt aus meinem Gedächtnis löschen werde, und ich schwöre, sie nie wieder anzuwenden, weder beim Schreiben noch sonst im Leben. (siehe nächste Seite)

Datum   Unterschrift

....

gez. Thomas Brezina

DIE TÖDLICHSTEN WÖRTER

Die zwei tödlichsten Wörter überhaupt …
  Bekannt als die Alles-Killer-Wörter …
  Oder auch als Totalbremsung-mit-Frontalzusammen-
stoß-Wörter …
  Die Wörter, die wie Betäubungsmittel wirken …
  … lauten:

Ja, aber …

Löschen,
                        streichen,
          überkleben,
                    einen Amboss draufstellen.

Wenn sie auftauchen, sofort das große Schweigen
beginnen.
  Vorstellen, dass dir die Zunge abfault, wenn du sie
aussprichst.
  Oder dass Feuer aus deinem Mund schießt.

In aller Kürze:

Eleminiere »JA, ABER« für alle Zeiten aus deinem
Sprachschatz und deinem Leben.
  Besonders, wenn du etwas schreiben willst!
  Klar???

Notizen

....
....
....
....
....
....
....
....
....
....
....
....
....
....
....
....
....
....
....
....
....
....
....
....
....
....
....
....
....

Die großen Fragen vor dem Schreiben

Was sollst du schreiben?
Für wen sollst du schreiben?
Woher bekommst du Ideen?
Wie kannst du dich auf das Schreiben vorbereiten?
Gibt es ein Kraft–Training zum Schreiben?

(ÜBER) WAS WILLST DU SCHREIBEN?

- _o_ einen Roman
- _o_ einen Krimi
- _o_ eine Liebesgeschichte
- _o_ eine sozialkritische Geschichte
- _o_ einen Thriller
- _o_ ein persönliches Erlebnis
- _o_ eine oder mehrere Erinnerungen
- _o_ ein Kinderbuch
- _o_ Comedy in Buchform
- _o_ Science-Fiction
- _o_ eine völlig abgefahrene Geschichte mit Humor, den nicht alle verstehen
- _o_ eine erotische Geschichte, die manche erröten lässt
- _o_ Fantasy
- _o_ Literatur, die vom Feuilleton hoch gelobt wird

Ganz egal, welches Genre du schreiben möchtest, es zählt nur das:

Nimm deine Geschichte ernst.
Nimm das Genre ernst.
Nimm dein Publikum ernst.

Lass dir von niemandem einreden, dass eine erotische Geschichte *PFUI* ist und du doch deine Energie besser in etwas *VERNÜNFTIGES* stecken solltest.

Das ist Quatsch!

DU schreibst die Geschichte und *DU* bestimmst, wie sie sein soll.

Bitte ausfüllen:

Am liebsten möchte ich diese Art von Roman schreiben: ....

oder

Am liebsten möchte ich eine Erzählung oder eine Kurzgeschichte schreiben.

Das Thema ist ....

Wenn mein Werk einmal veröffentlicht wird, widme ich es .... [Name einsetzen]

Überlege dir eine Widmung.

Wieso du dir jetzt schon die Widmung überlegen sollst?

Weil es immer gut ist, dem Gehirn und dem Universum klarzumachen, dass du es ernst meinst.

WAS IST EIN GUTES BUCH?

Die Unterteilung in »gute Bücher« und »schlechte Bücher« hat mir immer schon sauer aufgestoßen. Ich war nämlich lange Zeit selbst Ziel dieser Beurteilungen. Anfänglich haben sie mich gestört und sogar gekränkt.

Meine Leserschaft hat das von Anfang an anders gesehen und mir in einer Flut von Briefen und viele Male persönlich ihre Begeisterung mitgeteilt.

So wurde mir klar, dass ich durchaus gerne von Kritikerinnen und Kritikern gelobt werden möchte, aber sie nicht mein Publikum sind. Wenn ich mich verbiege und so schreibe, dass es einer bestimmten Gruppe von Menschen gefällt, die Bücher besprechen oder bewerten, dann ist das Betrug an den Leserinnen und Lesern, die meine Geschichten lieben. Und an mir selbst.

Da ich lange Zeit ausschließlich für Kinder geschrieben habe, war mir die Anerkennung durch Erwachsene manchmal wichtig. Aber auch das habe ich aufgegeben, weil es bedeuten würde, dass die Meinung von Kindern weniger zählt. Das tut sie selbstverständlich nicht. Im Gegenteil: Kinder sind in ihren Urteilen ehrlicher und härter als die meisten Kritiker.

Nun aber kommt das Unglaublichste an der Sache:

Als ich diesem Erwachsenen-Lob und dieser Anerkennung aus literarischen Fachkreisen nicht mehr nachgelaufen bin, habe ich mich nicht nur besser gefühlt, ich habe auch viel mehr positive und wertschätzende Beurteilungen erhalten.

Ich habe einige schöne und hohe Auszeichnungen bekommen, allerdings waren es keine literarischen Preise im klassischen Sinn.

Nachdem ich nun mehr als dreißig Jahre Bücher für Kinder geschrieben habe, sind meine Leserinnen und Leser von früher mittlerweile erwachsen und haben zum Teil schon selbst Kinder. Die höchste Auszeichnung, den größten Preis und das Schönste, das ich mir wünschen konnte, bekomme ich mittlerweile in Form von Nachrichten aus der halben Welt:

Danke für eine schöne Kindheit.

Ich habe mich nie an den Laptop gesetzt mit dem Vorsatz: So, jetzt bereite ich allen eine schöne Kindheit. Ich habe Geschichten erfunden und geschrieben, die mich selbst begeistern, die ich als Kind selbst gerne gelesen hätte. Dass sie so viel Erfolg finden, hätte ich mir nie träumen lassen.

Neulich hat mich in meiner zweiten Heimat London ein Student aus China auf der Straße angesprochen. Meine Buchserie *Ein Fall für dich und das Tiger-Team* hat in China Millionenauflagen erreicht. Man nennt mich dort »Meister der Abenteuer«. Was mich tief berührt, ist die Freundschaft, die Kinder in China mit meinen drei Buchhelden Biggi, Luk und Patrick geschlossen haben. Der Student war so aufgeregt, dass ihm das Smartphone fast aus der Hand gefallen wäre. Wir haben gemeinsam ein Selfie gemacht. Die Begeisterung dieses Studenten erfüllt mich mit unendlicher Dankbarkeit.

Ich erinnere mich an diesen Moment gerne zurück und jedes Mal sage ich dann: danke, danke, danke.

Wenn du mich also irgendwo siehst und ich scheinbar ein Selbstgespräch führe, das nur aus »Danke« besteht, so bin ich nicht verrückt geworden. Du kennst nun den wahren Grund.

Mein Rat also lautet: Vergiss diese Unterteilung in »gute« und »schlechte« Bücher. Wenn dich deine Geschichte begeistert, dann schreib sie. Die Chance, dass sie auch andere mitreißt, ist groß.

Die Freude, die deine Geschichten anderen Menschen bringen, soll die höchste Auszeichnung sein.

KANNST DU ÜBERHAUPT SCHREIBEN?

Diese Frage stelle ich nicht dir, sondern mir.

Bis heute! In regelmäßigen Abständen.

Ja, ich weiß, es klingt zum Schieflachen. Aber es ist tatsächlich so.

Ich erzähle es dir, falls in deinem Kopf folgende Gedanken wie hungrige Adler kreisen:

Ich will gerne schreiben!
Aber kann ich das überhaupt?

Mein Rat:

TU ES!

Du wirst diese Aufforderung noch viele Male in diesem Buch lesen.

Die Gedanken-Adler in deinem Kopf sollen woanders ihre Bahnen ziehen.

Noch ein Rat:

Frage niemanden, ob sie/er denkt, du könntest schreiben oder ob du es tun solltest.

Wer soll es wissen, außer du selbst?

Es ist dein Kopf, dein Bauch, dein Solarplexus, dein Gefühl, dein Wunsch.

TU ES! SCHREIB!

Denkst du jetzt: Ja, aber wenn mir nichts einfällt oder aus meinem Geschreibsel nichts wird …

… dann, bitte, lies dir den Vertrag durch, den wir auf Seite zwölf geschlossen haben, und deine Garantie, dir jedes *JA, ABER* zu verkneifen.

Es gibt einige Geschichten aus meinem Schriftstellerleben, die davon handeln, dass ich mich habe verunsichern lassen. Die Bedeutendste ist im Jahr 2017 passiert, nachdem ich schon mehr als dreißig Jahre lang ziemlich erfolgreiche Bücher für Kinder und Teenager geschrieben hatte. Mein Erlebnis soll dir eine Warnung sein.

Immer wieder bin ich gefragt worden, ob ich nicht auch für Erwachsene schreiben will.

Aber ich habe stets abgelehnt.

Ich finde die Redensweise »Schreib doch auch für Erwachsene« nicht gut. Das kommt daher, dass es mich immer gestört hat, wenn bekannte Autorinnen und Autoren der Erwachsenenliteratur ein Kinderbuch geschrieben haben. Es wird dann immer davon gesprochen, wie wunderbar es doch sei, dass IX oder YPSILON nun »auch für Kinder« geschrieben hätten.

Als müsste man sich dazu herablassen.

Oder als wäre das wie ein Spaziergang im Park, nachdem man nun jahrelang an ernsthafter Literatur für ernsthafte Erwachsene geschrieben hat.

Deshalb wollte ich nie »auch« für Erwachsene schreiben.

Im Jahr 2017 habe ich Pablo Tambuscio in Buenos Aires besucht. Er ist Argentinier und hat vor vielen Jahren einen Wettbewerb gewonnen, den der spanische Verlag veranstaltet hat, der meine Buchserie *Alle meine Monster* verlegt. Es wurden neue Illustrationen gesucht und Pablo wurde ausgewählt, diese zu gestalten.

Ich war begeistert, als ich die fertigen Bücher gesehen habe. So begann eine Zusammenarbeit, die sich über die Jahre noch intensiviert hat. Pablo illustriert fast alle meine neuen Bücher und mittlerweile hat er ein hochkreatives Team aufgebaut.

Bei meinem Besuch in Argentinien haben Pablo und ich viele Ideen für neue Projekte gewälzt. Es war wichtig, dass wir einander persönlich gegenübersitzen und uns nicht nur via WhatsApp oder ZOOM sehen.

Nach meiner Rückkehr, bei einer Tasse Tee nach dem Aufstehen, habe ich überlegt, mit welchem Projekt ich beginnen möchte.

Ich weiß nicht, wieso und warum, aber die Idee, die in meinem Kopf geradezu explodiert ist, lautete: Ich schreibe eine erwachsene Fortsetzung meiner Krimi-Reihe *Die Knickerbocker-Bande*. Ein Buch, das keine Illustrationen braucht.

Ich wollte nicht »auch« für Erwachsene schreiben.

Ich wollte jetzt für Erwachsene schreiben.

Die Idee ist von vielen belächelt worden. Es hat sich anfänglich nicht einmal ein Verlag gefunden, der das Buch herausbringen wollte.

Den wichtigsten Antrieb, die größte Unterstützung und Begleitung und die wunderbarste Bestärkung bekam ich von meinem Publikum.

Von Zweifel zerfressen habe ich die ersten Kapitel geschrieben.

Schließlich habe ich mein Smartphone vor mich hingestellt und ein Video aufgenommen. Ich habe von meinem Vorhaben erzählt und gefragt, ob dieses Buch irgendjemanden interessieren würde.

Das Video habe ich auf Facebook gepostet.

Eine Stunde später hatte ich hunderte Kommentare bekommen. Alle waren begeistert. Am nächsten Tag erschien sogar in verschiedenen Medien eine Meldung über dieses Projekt.

Während des Schreibens habe ich immer wieder per Video oder Foto um die Meinung der Leserinnen und Leser von früher gefragt:

Wie könnte das Leben von Lilo, dem Superhirn der Bande, verlaufen sein? Was ist aus ihr geworden?

Und wie steht es mit den anderen Mitgliedern?

Es war sehr interessant, die Gedanken von Menschen zu lesen, die als Kinder die Bücher verschlungen haben. Natürlich hatte ich meine eigenen Vorstellungen. Die meisten haben sich mit dem gedeckt, was mir geschrieben wurde.

Aber du bist doch »nur« ein Kinderbuchautor.
Kannst du überhaupt für Erwachsene schreiben?

Das war nicht nur der übliche Zweifel, der in meinem Kopf aufgetaucht ist, sondern wortwörtlich eine Aussage verschiedener Menschen der Buchbranche.

Mir wurde dann aufgezählt, was an meinem Stil alles *NICHT* erwachsen sei:

o   zu einfache Sprache
o   zu kurze Sätze
o   zu bildhaft
o   zu oberflächlich
o   zu fantastisch

Die Liste war noch länger, aber glücklicherweise habe ich vieles mittlerweile verdrängt oder vergessen.

Und jetzt kommt's: Ich, Thomas Brezina, Autor von damals schon weit mehr als 500 Büchern, die mehr als vierzig Millionen Leserinnen und Leser auf der Welt gefunden hatten, habe mich von all diesen Einwänden einschüchtern lassen. Ich wollte das Buch trotzdem schreiben, aber in meinem Kopf hatte sich festgesetzt, dass ich viel Hilfe benötigen würde.

Um klarzustellen: Ich halte sehr viel von gutem Lektorat. Heute arbeite ich mit dem wahrscheinlich besten Lektor zusammen, den ich jemals hatte. Später erzähle ich mehr darüber. Ich vertraue diesem Lektor völlig. Die Gründe schildere ich ebenfalls in einem anderen Kapitel. Dort erzähle ich aber auch von weniger guten Erfahrungen mit Lektorinnen und Lektoren.

<u>Doppelt unterstrichen:</u>

Ich halte weder mich noch meine Ideen und Geschichten oder meinen Schreibstil für perfekt und unfehlbar. Ganz im Gegenteil.

Aber damals habe ich mich viel zu sehr einschüchtern lassen, statt konkrete Fragen zu stellen, was ich denn genau an meinem Stil für Erwachsene ändern müsste.

Die Lektorin, die mir damals empfohlen wurde, hat sich wirklich sehr bemüht und gute Anmerkungen gebracht. Die Lehre, die ich aber aus dieser Arbeit gezogen habe, ist, mich nicht mehr kleinreden zu lassen, sondern mir meines Könnens bewusst zu sein. Die vielen Bücher für Kinder und Teens waren eine ausgezeichnete Basis. Mit Stolz darauf aufzubauen ist definitiv besser, als mich auf einmal wieder wie ein Anfänger zu fühlen, der ich auch beim Schreiben von »Erwachsenenbüchern« nicht war.

Mein erstes Buch für ein erwachsenes Publikum ist im November 2017 erschienen. Zur Präsentation in einer Buchhandlung sind um Mitternacht vor dem Erstverkaufstag rund 700 Menschen aufgetaucht. Weil das Geschäftslokal für diesen Ansturm zu klein war, mussten viele im Freien warten. Sie haben bis drei Uhr in der Früh im Nieselregen ausgeharrt, um ihr signiertes Exemplar zu bekommen. Für mich war diese Nacht ein Höhepunkt in meinem Leben als Schriftsteller. Wenn ich zurückdenke, bekomme ich heute noch feuchte Augen vor Rührung.

Die Tour durch Österreich, die folgte, war ein Triumphzug. Alle Veranstaltungen wurden gestürmt, ich habe Berge von Büchern signiert und Selfies ohne Ende gemacht.

Das Buch *Alte Geister ruhen unsanft* kam auf Platz 1 der Belletristik-Bestsellerliste. Es hat sich wochenlang unter den Top 10 gehalten.

Das war erst der Anfang für völlig andere Bücher, als ich sie bisher geschrieben hatte.

Ich wiederhole: Wenn du schreiben willst, dann

TU ES

TU ES

TU ES

… und rede nicht viel darüber. Frag vor allem niemanden, ob man es dir zutraut oder du es tun solltest.

TU ES

TU ES

TU ES

WILLST DU DIR DAS WIRKLICH ANTUN?

Warnung:

Schreiben ist eine anstrengende und oftmals quälende Angelegenheit. Es erwarten dich bohrender Zweifel, du musst sitzen bleiben, wenn du lieber aufstehen und etwas Lustigeres machen willst, leere Seiten glotzen dich höhnisch an, und du wirst oft das Gefühl haben, es niemals zu schaffen.

Das sind nur einige der hundert Arten der Folter, die dir das Schreiben bescheren kann.

DAHER: Wenn du schreiben willst, *MÜSSEN* dich Thema und Geschichte *BEGEISTERN*.

MUSS

MUSS

MUSS

Sonst lass es bleiben. Denn wenn es nicht so ist, erlebst du alle Qualen, die ich aufgezählt habe, in vielfacher Stärke. Vor allem wird das Schreiben zum Frust und du wirst ständig das Gefühl haben, was du schreibst, ist nicht gut genug. Das kann ein Loch in dein Selbstbewusstsein nagen und vielleicht bleibt lebenslang ein bitterer Nachgeschmack zurück.

Das kannst du verhindern, indem du nur schreibst, was du *WIRKLICH* schreiben willst. Und wenn es etwas ist, das andere als unnötig, dumm, schwach, seicht oder schmutzig ansehen, pfeif drauf.

Es ist *DEINE* Geschichte. Nicht ihre.

Damit kommen wir zu einer weiteren wichtigen Frage, die du dir am besten stellst, *BEVOR* du zu schreiben beginnst.

Notizen

....

....

....

....

....

....

....

....

....

....

....

....

....

....

....

FÜR WEN WILLST DU SCHREIBEN?

- Nur für dich?
- Nur für dich und nur zum Spaß?
- Nur für dich, weil du eine solche Geschichte schon immer lesen wolltest?
- Nur für dich als eine Art Psychotherapie?
- Nur für dich, weil du etwas aus deinem Leben festhalten willst?
- Erst nur für dich und dann für deine Nachfahren?
- Oder für andere Menschen, die …
  … seelenverwandt sind?
  … die Hilfe in deiner Geschichte finden könnten?
  … die sich für Ähnliches interessieren wie du?
  … die genau so eine Geschichte schon immer lesen wollten?
- Für Menschen …
  … in deinem Umkreis?
  … im Land, in dem du lebst?
  … auf der ganzen Welt?
- Für deine Kinder?
- Für deinen Hund?
- Für diese verdammten Menschen dort draußen, die dein Buch kaufen sollen?
- Oder hast du einfach keine Ahnung, für wen?
- Oder denkst du: »Ich will nur schreiben.«?

Es ist wieder einzig und allein *DEINE* Entscheidung, für wen du schreiben möchtest.

Kein Publikum ist richtig oder falsch.

Du solltest nur wissen, wer oder was dein Ziel ist.

Ziele muss man einfach kennen. Sonst wird die Reise ein Herumirren, das am Ende in einer Enttäuschung endet.

Wenn du dich entscheidest, nach Italien zu reisen, ist es dir egal, ob du in Venedig, Neapel, Rom oder Mailand ankommst. Alle diese Städte liegen in Italien.

Wenn du aber unbedingt nach Neapel gelangen willst, ist es nicht zu empfehlen, den Zug nach Venedig zu nehmen.

Also? Für wen willst du schreiben?

Schreiben nur für dich

Schreibst du nur für dich und nur zum Spaß, weil du eine solche Geschichte schon immer lesen wolltest, weil du etwas aus deinem Leben festhalten willst oder als eine Art Psychotherapie, dann triffst du eine gute Wahl.

DU bist damit fürs Erste dein Publikum.

DU kennst dich. Na ja, einigermaßen zumindest. Du wirst also etwas schreiben, das *DU* auch lesen möchtest.

Es tut gut, sich etwas »von der Seele zu schreiben«. Ereignisse schriftlich festzuhalten ist etwas anderes als Videos zu speichern. Beim Schreiben kannst du deine Gedanken einfließen lassen. Du kannst Geschehnisse kommentieren und ernste oder humorvolle Bemerkungen hinzufügen.

Ein Video ist ein Festhalten dessen, was geschehen ist. Daraus können andere ihre Schlüsse ziehen, wenn sie es betrachten. Natürlich kannst du dem Video ein ausführliches Voiceover, verschiedene Titel und schriftliche Anmerkungen hinzufügen. Trotzdem kann ein Bericht, den du verfasst, stärker sein und viele Ereignisse werden erst durch deine persönlichen Worte Farbe und Strahlkraft bekommen.

Für dich selbst zu schreiben bedeutet, du nimmst die Herausforderung an, dich zu überraschen, dich zu begeistern, zu interessieren und zum Lachen zu bringen.

Nimm das ernst! Wenn du für dich schreibst, darfst du dich ruhig in deinen Text verlieben und dein größter Fan werden.

Das Überarbeiten und Feilen an Sätzen und Wörtern dient dazu, deinen Rhythmus, deinen Sprachfluss und deine Vorlieben beim Lesen noch stärker herauszuarbeiten.

Das ist wunderbar und kann sehr erfüllend sein.

WENN ...

JA, WENN ...

... du nicht die Erwartung hegst, dieser Text *MÜSSE* alle anderen vom Hocker reißen.

Das *KANN* geschehen.

Du kannst auf diese Weise einen Hit landen, wenn das Werk an die Öffentlichkeit gelangt.

Aber die Wahrscheinlichkeit ist mindestens ebenso groß, dass dein Text anderen völlig egal ist, weil er sie nicht berührt, weil sie nicht deinen Hintergrund teilen oder kennen und weil sie spüren, dass du diese Geschichte ausschließlich dir selbst erzählen wolltest.

Das darf dich weder überraschen noch enttäuschen.

Manche Schreibende fühlen sich dann verkannt.

Sie ernennen die »dumme Leserschaft«, die nur aus Neidhammeln besteht, zu ihrem Feind. (Das Wort Neidhammel habe ich schon Ewigkeiten nicht mehr verwendet. Falls eine Erklärung nötig ist: Es ist umgangssprachlich und verbindet einen neidischen Menschen mit einem Hammel, also einem männlichen Schaf.)

Wenn ein Werk, das Schreibende vor allem für sich selbst schreiben, wenig Beachtung findet, meinen sie vielleicht …

o   … ihre Gedanken seien wertlos.

o   … oder sie seien ihrer Zeit voraus und alle anderen rückständig und ignorant.

Wenn dir so etwas passiert, sind das Anzeichen dafür, dass du insgeheim eigentlich doch für andere Menschen schreiben willst …

o   … die seelenverwandt sind.

o   … die Hilfe in deiner Geschichte finden könnten.

o   … die sich für Ähnliches interessieren wie du.

o   … die so eine Geschichte schon immer lesen wollten.

Wenn dein Werk, deine Geschichte, aufs Erste nicht gut ankommt, du aber möchtest, dass sie mehr Menschen erreicht, braucht sie mit ziemlicher Sicherheit Überarbeitung.

Du willst nämlich einem Publikum etwas erzählen. Doch diese Menschen haben nicht deine persönliche Historie, sie kennen deine Gefühle nicht. Es geht also darum, so zu erzählen, dass Menschen sich in deine Worte hineinversetzen können.

Das ist ein bisschen wie mit unserer Stimme.

Wir hören uns jeden Tag reden. Wir glauben zu wissen, wie wir klingen.

Wenn wir aber eine Aufnahme von uns hören, sind wir entsetzt. Wir finden unsere Stimme zu schrill, zu hoch, zu kehlig oder zu nasal.

Der Grund heißt Knochenleitung. Wir hören uns selbst nicht nur über die Schallwellen, die durch die Luft in unsere Ohren gelangen, sondern auch über unsere Knochen. Sie leiten den Schall aus unserem Hals und unserem Mund ebenfalls ins Ohr.

Bei der Aufnahme unserer Stimme fällt die Knochenleitung weg. Deshalb klingt sie verändert. Außerdem haben wir uns viele Jahre lang ausgedacht, wie wunderbar sich unsere Stimme doch anhört (oder wie schrecklich). Diese Fantasie schwingt bei jedem Wort mit, das wir sprechen. Allerdings nur für uns und nicht für andere. Sie hören uns genau so, wie wir in einer Aufnahme klingen.

Zurück zum Text.

Wollen wir andere Menschen damit ansprechen, so muss der Text wie die Aufnahme unserer Stimme sein: Befreit von allem, was nur wir persönlich mit unserem eigenen Hintergrund verstehen.

Wer also soll dein Publikum sein?

Hast du eine Idee?

Die Vorstellung von deinem Publikum kann beim Schreiben sehr helfen. Das sage ich aus eigener Erfahrung.

Ich selbst vergleiche mich gerne mit den Geschichtenerzählern aus dem Mittelalter.

Heute gebe ich als Berufsbezeichnung an: *Geschichtenerzähler der Freude.*

GESCHICHTENERZÄHLER

Bis heute weiß ich nicht, wieso ich für Kinder schreiben wollte. Ich hatte einfach das Bedürfnis. Bereits mit 16 Jahren, als ich Fernsehdrehbücher für eine Kinderserie geschrieben und zu einem Wettbewerb eingeschickt habe.

Meine ersten professionellen Schritte als Autor habe ich mit zwanzig Jahren gemacht. Es waren noch keine Bücher, aber Geschichten für Radio und Fernsehen. Immer für Kinder.

Mit 26 Jahren habe ich meine ersten Bücher geschrieben, die sofort veröffentlicht wurden. Damals begann ich, meinen Stil zu entwickeln. Das geschah allerdings, ohne dass ich darüber nachgedacht hätte. Mein Schreibstil kommt aus meinem Bauch heraus, hat mit Gefühl zu tun und ist nicht die Folge von Analysen und langen Denkprozessen.

Eine Übersetzerin, die meine Kunstbücher *Museum der Abenteuer* ins Englische übertragen hat, beschrieb meinen Stil folgendermaßen:

> Ich schreibe, als würde ich neben den Lesern sitzen und ihnen die Geschichte erzählen. Dadurch erreiche ich ein großes Publikum, weil sich die Menschen angesprochen fühlen.

Von Anfang an war es mein Ziel, mit meinen Geschichten zu begeistern. Dazu habe ich mir Kinder in meinem Umfeld und Freundeskreis angesehen und mich, wenn mir neue Ideen eingefallen sind, gefragt: Würde meine Geschichte diese Kinder faszinieren?

Manchmal habe ich im Gespräch ein paar Sätze fallen lassen, weil ich wissen wollte, wie sie darauf reagieren.

Oft habe ich Kinder gefragt, wieso sie nicht lesen. Hauptgründe waren, dass sie sich in vielen Büchern belehrt und nicht verstanden fühlen, dass der Anfang so langweilig sei, die Kapitel zu lang und die Geschichten einfach nicht packend genug.

Beim Schreiben habe ich mir diese Kinder vorgestellt. Ich sah sie vor mir sitzen. Sie sollten mir gespannt zuhören, wenn ich die Geschichte vorlas. Das war mein Ziel.

Mein Sensorium für Kinder habe ich aus Respekt vor ihnen entwickelt. Ich habe als Erwachsener einiges an Lebenserfahrung voraus, das aber stellt mich nicht über sie. Ich will und werde nie auf sie herabblicken und ganz sicher nicht über ihre Köpfe hinweg anderen Erwachsenen zuzwinkern.

Ich will so schreiben, dass ich in gespannte Augen blicke.

Das trifft heute auf meine Bücher für Erwachsene genauso zu. Daher kannst du alles, was ich schildere, bei Büchern für jede Zielgruppe anwenden.

Wichtig ist für mich, die Altersgruppe zu kennen, für die ich ein Buch schreibe.

Heute kann ich in meinem Kopf Leser in verschiedenen Altersstufen auftauchen lassen. Wie der Geschichtenerzähler im Mittelalter stehe ich in meiner Vorstellung vor den Menschen und erzähle.

Hören sie mir zu?

Bleiben sie dran?

Meine Worte müssen so gewählt sein, dass Bilder in ihren Köpfen entstehen.

Die Kapitel sollen eine Länge haben, die auch weniger geübte Leserinnen und Leser gut schaffen können.

Besonders wichtig: Was muss ich tun, damit sie in die Geschichte hineingezogen werden?

Am Ende eines Kapitels soll es Cliffhanger geben, wie in Filmen und Serien. In einem besonders spannenden Moment endet das Kapitel. Das ist der Reiz zum Umblättern und Weiterlesen.

Die Achtung vor Kindern hat mich ihren Humor studieren lassen. Sie müssen eine Szene lustig finden, nicht nur ich.

Wie sollten die Hauptpersonen sein, damit sie als Freundinnen und Freunde angenommen werden? Welche Eigenschaften müssen Gegenspieler haben, damit sie wirklich böse wirken und nicht einfach nur einfältig oder lächerlich? Welche Spannung, welcher Nervenkitzel ist gut? Was kann zu viel Angst einjagen? Wann sollte ein Kapitel enden und das nächste beginnen?

In den Anfangsjahren meines Autorenlebens bin ich von meinem Verlag auf zahlreiche Lesereisen geschickt worden. Vor ganzen Klassen oder vor Kindergruppen und ihren Eltern zu lesen war eine wichtige Erfahrung für mich.

Die Fragen, die mir nach der Lesung gestellt wurden, haben mir Hinweise auf Interessen, Unklarheiten und Meinungen meiner Leser gegeben.

Zum Beispiel habe ich gelernt, dass Geschichten fantastisch sein können, aber trotzdem alles erklärbar bleiben muss. Herumreden oder herumstottern wird von Kindern verachtet. Sie fühlen sich dann schnell einmal betrogen.

Meine Schreibmethode braucht ständig Updates und Training. Das Üben hört nie auf.

Beim Schreiben meines ersten Buches für Erwachsene hatte ich einen kleinen Heimvorteil: Ich bin selbst erwachsen. Ich konnte meine eigenen Vorlieben und meinen persönlichen Geschmack zu Rate ziehen.

Da meine Erfahrungen mit erwachsenem Publikum am Anfang noch nicht so groß waren, habe ich mich unsicher gefühlt und diese Unsicherheit durch dumme Bemerkungen aus meiner Umgebung leider noch vergrößern lassen.

Vorbei! Egal! Mittlerweile habe ich zahlreiche Bücher für Erwachsene geschrieben und immer habe ich ein Publikum vor meinem geistigen Auge sitzen.

Wenn ich die Menschen bei Buchpräsentationen dann tatsächlich treffe und die Wirkung meiner Geschichte erlebe, sind es meistens die Reaktionen, die ich mir beim Schreiben vorgestellt habe.

Meine Werke für Erwachsene umfassen Krimis, einen Liebesroman und mehrere Ratgeber. Außerdem Erzählungen über die Kraft der Zuversicht, des Vergebens und des Akzeptierens. Manche der Themen hätten auch das Potenzial für ein Sachbuch oder einen Ratgeber gehabt, ich habe die Aussagen aber lieber in Geschichten verpackt, da sie Emotionen auslösen und wir über Gefühle mehr aufnehmen können als über den Verstand. Außerdem fühlt sich kaum jemand durch eine Geschichte belehrt.

Wie heißt es so schön in *Der kleine Prinz* von Antoine de Saint-Exupéry: Man sieht nur mit dem Herzen gut.

Eine erstaunliche Art, verschiedene Altersgruppen zu erreichen, habe ich durch Zufall entdeckt.

Vor vielen Jahren habe ich das Bilderbuch *Abu, der Elefant, der ein Eisbär sein wollte* geschrieben. Ich erinnere mich genau an den Morgen Anfang Juni, als ich aufgewacht bin und gespürt habe: Diese Geschichte schreibe ich als langes Gedicht. Sie soll sich reimen.

So ist es auch geschehen. Die Bilder hat mein Freund, der großartige Maler Gottfried Kumpf, gemalt. Das Buch ist gut angekommen.

Bei einem Open-Air-Kinderfest habe ich daraus vorgelesen. Ich stand auf einer winzigen Bühne und hatte mit den schwierigsten Bedingungen zu kämpfen: eine schlecht funktionierende Tonanlage und ein Publikum zwischen 0 und 99 Jahren, das aufgrund der vielen Ablenkungen rundherum ständig in Bewegung war.

Zuerst wollte ich diesen Auftritt nur so schnell wie möglich hinter mich bringen. Viele im Publikum hatten sich von mir einen Krimi erwartet und waren halb erstaunt, halb enttäuscht, die Geschichte eines kleinen Elefanten zu hören.

Alles kam anders, als ich es befürchtet hatte. Schon nach wenigen Zeilen habe ich gespürt, wie die Aufmerksamkeit stieg. Die kurze Lesung wurde zum Erfolg und ich war um eine Erkenntnis reicher, die für mich wichtig werden sollte: Eine gereimte Geschichte spricht alle Generationen an.

Viele Jahre später war diese Erinnerung der Auslöser für den Entschluss, *Die Geschichte der Erde in Reimen* zu schreiben. Mein Verleger war dazu bereit, schlug aber vor, ich solle zuerst *Die Bibel in Reimen* schreiben.

Dieses Projekt zählt zu den Wendepunkten in meinem Schaffen. Und wieder einmal vertröste ich dich auf später. Denn dazu gibt es viel zu berichten, das auch dir nützlich sein kann.

Meine Empfehlung: Sieh dich als Geschichtenerzähler und als ein Mensch, der das Publikum berühren will.

In Burgen waren wandernde Geschichtenerzähler beliebt, die fesseln, mitreißen und begeistern konnten. Sie waren auch ein zweites oder drittes Mal willkommen, haben einen Platz am warmen Feuer bekommen und sicherlich das beste Stück vom Braten.

KRITIK VON DIR, DIE NÜTZT

Bei Theaterproduktionen gibt es Einspielvorstellungen. In London können solche zehn-, fünfzehn- oder sogar zwanzigmal stattfinden.

Dabei sitzt, im Publikum verteilt, das sogenannte Leading-Team: Lichtdesigner, Choreographen, Bühnenbildner, Regisseure, die Assistenz der verschiedenen Departments und so weiter.

Sie alle verfolgen die Vorstellung aus der Position des Publikums und machen Notizen, was noch zu verbessern sei.

Nach der Einspielvorstellung gibt es meistens Kritik. Heißt, alle sitzen zusammen und besprechen verschiedene Anmerkungen. Am nächsten Tag finden weitere Proben statt, in denen die Erkenntnisse umgesetzt werden und Neues eingestellt und einstudiert wird.

In meinem fiktiven Publikum, das ich mir beim Schreiben vorstelle, sitzt stets einer der drei:

KLEIN-THOMAS
TEENAGE-THOMAS
GROSS-THOMAS

Je nachdem, für welche Altersgruppe ich schreibe.

Zu diesen dreien habe ich enge und vertrauensvolle Verbindungen und deshalb kann ich sie nach ihren Anmerkungen fragen.

Ich habe eine recht genaue Erinnerung an meine Kindheit und Teenagerzeit. Sie ist nicht schöngefärbt, sondern eine Mischung aus Freuden, Hoffnungen, Leiden und Enttäuschungen.

Da ich in dieser Zeit viel gelesen habe, teste ich beim Schreiben an meinem jüngeren Ich aus, ob mir die Geschichten, die ich schreibe, damals gefallen hätten. Es geht nicht um Details, aber um den Grundton, die Haltung, die ich als Autor einnehme, und die Charaktere, die ich beschreibe.

Ein Geständnis: Ich habe ab und zu gegen mein jüngeres Ich recht behalten wollen. Ich dachte, ich wüsste es besser. Ich habe mir eingeredet, ich hätte damals zu einer anderen Gruppe von Kindern gehört und andere Bücher gemocht. Einige Zeit später hat mein jüngeres Ich triumphiert, weil ich mich geirrt hatte.

Ich brauche nicht die völlige Zustimmung meines jüngeren Ichs, aber zumindest sein Nicken.

Bei *GROSS-THOMAS* ist es genauso. Ich schreibe nichts, was ich nicht selbst lesen möchte. Im Gegenteil: Ich schreibe vieles, weil ich es unbedingt lesen will. Manche Stellen meiner Romane lese ich später immer wieder, weil sie in mir starke Gefühle auslösen, mich rühren oder lachen lassen.

Mein vorgestelltes Publikum soll gespannt zuhören, was ich erzähle. Meine Thomasse, zwischen denen ich sitze, sollen und können mir Anmerkungen geben. Sie haben mir schon oft geholfen. Durch sie kann ich meine Erfahrungen in die Geschichten einfließen lassen.

Vielleicht willst du das auch so sehen? Vielleicht ist es dir nützlich?

Immer wieder möchte ich, doppelt unterstrichen, betonen: Es gibt kein Richtig oder Falsch, sondern nur *HILFT* oder *HILFT NICHT*.

<u>Auf die Nützlichkeit kommt es an.</u>

Deine Leserschaft

Was immer ich schreibe, schreibe ich für:

....

....

....

Ich stelle mir mein Publikum so vor:

....

....

....

Damit mein Publikum von meinem Werk begeistert ist, sollte das, was ich schreibe, so sein:

....

....

....

....

....

....

NACHRICHTEN, DIE ICH BEKOMME

Hallo Thomas,
kannst du mir einen guten Verlag empfehlen?

Was hast du geschrieben?

Noch nichts, aber ich wollte mal sehen, was die so zahlen.

Ich denke mir dann: im Ernst???

Hallo Thomas,
mit welchem Programm schreibst du? Wie viele Wörter müssen auf einer Seite sein? Wie groß muss der Zeilenabstand sein?

Ich schreibe mit WORD. Alles andere hängt vom Buch ab. Ich versuche, ungefähr so viel Text auf einer Word-Seite zu haben, wie später im Buch sein wird. Bei Büchern für eine jüngere Leserschaft ist das weniger, bei Romanen für Erwachsene wesentlich mehr.

Hallo Thomas,

*ich habe beschlossen, ein Kinder- und Jugendbuch
zu schreiben. Hast du Tipps?*

Worum geht's in deinem Buch?

Ich habe noch keine Geschichte.

Sorry, aber stiehl mir nicht meine Zeit!

Hallo Thomas,

*ich habe einen Fantasy-Roman geschrieben. 800
Seiten. Ich will ihn aber keinem Verlag geben. Sie
könnten mir die Idee stehlen. Was soll ich tun?*

Du kannst eine Kopie in einer Rechts-
anwaltskanzlei hinterlegen. Ist sicher,
kostet natürlich.

Denkt wirklich jemand, ein Verlag hätte Interesse, die
Idee von jemandem zu stehlen, nur weil er unbekannt
ist, sie dann jemand anderem zu geben, der die Geschichte noch einmal selbst schreiben muss, und dann
monatelang zu warten, bis er sie herausbringen kann?
Eine solche Idee müsste genial sein, allerdings sind Verlage auch nicht auf den Kopf gefallen. Ihnen ist klar,
dass sie eine geniale Idee nicht einfach stehlen können.
Das würde auffallen und Folgen haben.

Manchmal bekomme ich daraufhin Nachrichten, in denen mir vorgeworfen wird, nicht hilfreich zu sein, weil ich keine Details und genauen Angaben mache.

Danke für euer Vertrauen und die vielen Nachrichten, die ich bekomme. Bitte um Verständnis, dass ich manche davon nervig finde oder dass mich einige mit den Augen rollen lassen.

Wenn ich zu Beginn dieses Buches behauptet habe, jeder Mensch könne einen Bestseller schreiben, habe ich vorausgesetzt, dass die Grundlage eine Idee ist.

Aus dieser Idee kann eine Geschichte wachsen, die dann aufgeschrieben werden will.

Zu einem Bestseller kann die Geschichte werden, wenn sie auf irgendeine Art veröffentlicht wird und an ein Publikum kommt.

Ohne Idee aber geht gar nichts. Wichtiger als jedes Schreibprogramm, der Zeilenabstand oder Gehaltsvorstellungen ist deine Idee.

Und schon kommen wir zur Frage aller Fragen:

Wie und woher bekomme ich eine Idee?

SCHREIBEN VOR DER GROSSEN IDEE

Falls du noch keine konkrete Idee für »deine Geschichte« hast, aber einfach schreiben willst, weil du es dir unterhaltsam und spannend vorstellst, ist das völlig in Ordnung. Es ist nicht nötig, sofort ein ganzes Buch zu schreiben.

Brief

Schreib einen Brief. Entweder an Menschen aus deinem Leben oder an Menschen, die leider nicht mehr leben. Schreib an eine bekannte Persönlichkeit oder an Außerirdische, die einen Besuch auf der Erde planen.

Wichtig ist ein Schreiben, das ein Ziel hat, auch wenn du den Brief nie abschickst.

Tagebuch

Schreib Tagebuch. Manche tun das in Briefform.

Liebes Tagebuch, du kannst dir nicht vorstellen, was heute geschehen ist …

Die Eintragungen müssen nicht nur eine Aufzählung von Ereignissen sein. Schreib über deine Gefühle, deine Träume, deine Ängste, deine Freuden, deine Sorgen.

Vielleicht findest du auf diese Weise sogar Lösungen für dich.

Anmerkung: Vielleicht bin ich altmodisch, aber ich finde Tagebuchschreiben mit der Hand besser, als die Eintragungen ins Smartphone zu tippen. Nur so nebenbei bemerkt. Für mich ist Schreiben mit der Hand ein Schreiben aus dem Herzen.

Skurrile Ideen

Fülle diese Zeile aus:

(Ort) .... steht (Gegenstand, Person oder Tier).................... und (Tätigkeit) ....

Das originellste Ergebnis bekommst du, wenn du irgendjemanden nach einem Ort fragst.

Jemand anderen fragst du nach Gegenstand, Person oder Tier und eine dritte Person soll dir irgendein Verb sagen. Das Ergebnis kann so lauten:

In der Badewanne steht ein Orang-Utan und kocht.

oder

Auf der Uni steht eine Klobrille und putzt Fenster.

Fünf Wörter

Bitte Menschen rund um dich um fünf Wörter. Egal welche. Mit diesen fünf Wörtern schreib dann eine kurze Geschichte – wenige Zeilen genügen.

Deine Aufgabe: Mach daraus eine Geschichte. Je absurder die Vorlagen sind, desto besser das Training für die Kreativitätsmaschine in deinem Kopf. Es können richtig starke Geschichten dabei herauskommen.

Schreib!
Denn das ist das beste Training.
Deine Fähigkeit zu schreiben kannst du trainieren wie einen Muskel.

Woher meine Ideen kommen

Ich bin eine Art Ideen-Trüffelschwein.

Trüffelschweine riechen die beliebten Knollen, selbst wenn sie in drei Meter Tiefe in der Erde liegen. So geht es mir mit Ideen.

Voraussetzung dafür ist es, die Augen und Ohren ständig offen zu halten und eventuelle Filter im Hirn auszuschalten. Es muss alles reinkommen und auf Ideen-Tauglichkeit geprüft werden. Aus einer beliebigen Alltagssituation kann so ein neuer Roman werden.

Viele Ideen haben nichts mit den Projekten zu tun, an denen ich gerade arbeite. Sie werden trotzdem notiert und gespeichert. Manche bleiben jahrelang nur Notiz, andere werden schon in der nächsten Woche verarbeitet.

Manche Ideen müssen erst lagern, gären und reifen, genauso wie Wein. Champagnerflaschen werden angeblich alle paar Wochen gedreht, was die Qualität des Champagners steigern soll. Bei einigen Ideen ist es ähnlich: Kommen sie mir immer wieder unter, fällt mir vielleicht etwas Neues dazu ein. Oder es taucht eine andere Idee auf, die sich verwerten lässt.

Für Krimis finde ich viel Material in Artikeln und Berichten über Ereignisse und tatsächliche Kriminalfälle, egal ob in Zeitungen, auf Nachrichtenseiten, in Dokumentationen oder Erzählungen von Menschen, denen ich begegne.

Als Vorlagen für Personen, egal ob Kinder oder Erwachsene, dienen mir Menschen, die ich irgendwo sehe.

Ich bin ein Kaffeehaus-Jäger. Während ich mit einer Tasse Tee oder Espresso vor mir an einem Tisch sitze, wandert mein Blick ständig herum. So unauffällig wie möglich beobachte ich Leute, die mich aus irgendeinem Grund interessieren. Ihr Aussehen spielt nur eine Nebenrolle, ihr Verhalten hat größere Bedeutung.

Wieso rührt jemand mit dem kleinen Finger den Kaffee um? Wieso steckt jemand sein Smartphone ständig wieder ein, nachdem er einen Blick darauf geworfen hat? Wieso will der junge Mann die Frau, die ihm gegenübersitzt, beeindrucken, indem er laut spricht, lacht und mit seinen Erfolgen prahlt, während er ständig seine Verlobte erwähnt?

Es sind Angewohnheiten und Verhaltensmuster, die Menschen charakterisieren und später in Geschichten große Bedeutung erlangen können.

Manchmal bin ich froh, wenn ich in einem Restaurant einen »schlechten« Tisch bekomme, an dem ständig Gäste auf dem Weg zur Toilette vorbeigehen. Für mich ist das eine Art Laufsteg, auf dem ich eine Menge interessanter Personen beobachten kann.

Vielleicht ist mein Gehör deshalb immer noch so gut, weil ich so viel hören will. Ich meine damit nicht unhöfliches Lauschen, sondern das Verfolgen von Gesprächen, die in meiner Nähe laut geführt werden. Das ist doch nicht verboten. Die Art, wie Leute miteinander reden, gibt Aufschluss über ihre Beziehung zueinander. Für mich sind das wichtige Lektionen für Dialoge.

Viele Jahre meines Lebens habe ich wie verrückt Bücher geschrieben. Es waren die Zeiten der großen Buchserien und ich habe nicht selten drei, vier oder sogar sechs Fortsetzungsbände einer Serie im Jahr verfasst.

In meinen Spitzenzeiten waren das fünf Serien gleichzeitig.

Damals habe ich mich in den stärksten Ideen-Magnet verwandelt, der ich jemals war. Ich hatte einen Organizer, ein Ringbuch mit Papiereinlagen, das ich immer mitgeführt habe. Für jede Buchserie gab es eine eigene Abteilung. Ständig habe ich Notizen gemacht und eingetragen. Die Lust und Freude an den Serien haben meinen Blick und meine Ohren überall dorthin gelenkt, wo es etwas zu finden gab.

Bei Ideen unterscheide ich verschiedene Kategorien:

Zündende Ideen

Ich lese, sehe oder höre etwas, das den Grundgedanken für eine Geschichte auflodern lässt. Solche Ideen berühren mich innerlich. Ich spüre sie tief in mir. Sie haben mit mir zu tun und wecken meine Neugier, wie ein Loch im Zaun. Je stärker das Gefühl, desto besser die Idee. Zündende Ideen sind mir nie durch angestrengtes Nachdenken gekommen, sondern an den ungewöhnlichsten Orten und in Zeiten, in denen ich nicht damit gerechnet habe.

Zusatz-Ideen

Sie machen aus einer zündenden Grundidee eine Story. Die zündende Idee ist wie der erste Puzzlestein, rund um den die Zusatzideen Stück für Stück angesetzt werden. Gute Zusatzideen rasten ein, wie die richtigen Puzzlesteine. Ich muss sie nicht reindrücken.

Ideen für Personen

Kleine Beobachtung, große Wirkung. Wie ich bereits erwähnt habe, sind es die ungewöhnlichen Merkmale, die Personen markant und unverwechselbar machen. Auch hier tritt das Puzzlestein-Prinzip in Kraft: Das Spezielle ist der Start, nun müssen viele weitere Teile folgen, die das Bild der Person vollständig machen.

Ideen für Schauplätze

Alle Orte haben das Potenzial, der Schauplatz einer Geschichte zu werden. Natürlich ist eine Lagerhalle voll alter Schaufensterpuppen interessanter als eine leere Lagerhalle. Zur Ideensuche gehört das Sammeln aller Eindrücke: Wie riecht es hier? Wie viel Licht gibt es? Wo ist der Eingang? Gibt es einen versteckten Ausgang? Tropft oder rinnt irgendwo Wasser? Welche Geräusche sind zu hören?

Meine Reisen waren Expeditionen zu neuen Schauplätzen und Abenteuern. Ich bin U-Boot gefahren, habe einen Sturzflug in einem kleinen Flugzeug erlebt, bin neben Haien getaucht und habe einen Vulkankrater durchquert. Natürlich hat jedes Erlebnis Niederschlag in Geschichten gefunden.

Ideen für Titel

Die Listen von Titeln sind in meinen Aufzeichnungen länger als die Liste der erschienenen Bücher. Titel erfinde ich nämlich grundsätzlich, *BEVOR* ich eine Geschichte schreibe.

Einige Titel meiner Buchserien sind schon eine Geschichte für sich.

Der Name »Knickerbocker-Bande« ist mir unter der Dusche eingefallen, nachdem ich an den Tagen davor Namen wie Karotten-Bande und Chaos-Bande gewälzt habe. Das Wort Knickerbocker ist nämlich in vielen Ländern bekannt und wird nicht immer mit Lederhosen in Verbindung gebracht. In New York gibt es ein Knickerbocker-Hotel und beliebt ist die Nachspeise Knickerbocker Glory.

Der Titel *Ein Fall für dich und das Tiger-Team* kam mir auf dem Flughafen. Ich bin in einem Buchladen gestanden und habe Kinder mit ihren Eltern belauscht, die sich für kein Buch entscheiden konnten. Computerspiele fanden sie besser, da sie »Teil davon waren«.

Bingo! Mach die Menschen, die das Buch lesen, zum Teil der Geschichte.

Der Tiger ist ein starkes Tier und ein Wort, mit dem man Stärke verbindet. Bande wollte ich keine mehr, also ein Team.

Mein Berufswunsch als Teenager war Tierarzt. Allerdings hatte ich die romantische Vorstellung des Tierarztes aus Fernsehserien. Die Realität sah anders aus. Ich bin beim Studium schon im ersten Semester beim Sezieren eines Regenwurms gescheitert.

Meine Liebe zu Tieren und meine Begeisterung dafür sind geblieben. Wenn ich meine Hunde zur Tierärztin gebracht habe, damit sie ihre Impfung bekommen, habe ich sie nach den Schicksalen ihrer anderen Patienten gefragt. Diese Geschichten haben mich berührt und inspiriert.

Außerdem machte ich die Beobachtung, dass Kindern das Thema Umweltschutz immer unwichtiger geworden ist, weil sie sich machtlos gefühlt haben.

Der Mensch schützt alles, was er schätzt und liebt. Daher wollte ich für Tiere begeistern. Es war die Chance, meine Liebe für den Tierarztberuf in Romanen umzusetzen.

Eigentlich sollte die geplante Serie *Pennys Tierclub Tigerzahn* heißen (das war *VOR* dem Tiger-Team). Fragte jemand bei einer meiner Lesungen nach neuen Projekten, nannte ich diesen Titel. Er stieß allerdings auf wenig Begeisterung. Außerdem wies mich mein damaliger Verleger schüchtern darauf hin, dass Pennys missverstanden werden konnte …

Zu dieser Zeit begegnete ich bei meiner täglichen Morgenrunde mit meinem Hund einem Nachbarn und seinem Berner Sennenhund, der drei weiße und eine schwarze Pfote hatte. Als unsere beiden Hunde spielten, sagte der Nachbar: »Schau, die zwei haben zusammen sieben weiße Pfoten.«

Bingo! Mir ist Sekunden danach der Titel *Sieben Pfoten für Penny* eingefallen.

Tom Turbo, ein sprechendes Fahrrad mit 111 Tricks, das mit zwei Kindern Fälle löst, ist die berühmteste Figur, die ich geschaffen habe. Sie verdankt ihren Namen und ihr Aussehen meiner Kindheit und einem glücklichen Zufall. Mein eigenes Fahrrad war, als ich ungefähr sieben, acht Jahre alt war, meine große Freiheit und Freude.

Weil sich ein kleiner Junge bei einer Signierstunde aufgeregt hatte, dass ich Krimis nur für seinen großen Bruder schreibe, hat mich mein Verleger angeregt, mir doch auch eine Serie für jüngere Leser auszudenken. *Karo, Klipp und Klaro* war der ursprüngliche Titel. Klipp sollte ein sprechendes Pferd sein. Die Sache hatte bloß einen Haken: Mir ist das Schreiben schwergefallen und das war das Zeichen, dass etwas nicht stimmte.

Beim Spazierengehen sah ich Kinder auf ihren Rädern. Das Fahrrad meiner Kindheit ist vor meinen Augen aufgetaucht und ich erfand kurzerhand eines, das alles konnte, was ich mir damals gewünscht hatte: Sprechen, Fliegen, Eis machen und viele andere Tricks.

Das war die Geburtsstunde von *Tom Tiger*, wie ich ihn zuerst nannte.

Ja, ich habe eine Schwäche für Tiger.

Als der erste Band in Druck gehen sollte, erreichte mich eine Horrormeldung: Der Titel war schon vergeben. Es musste blitzschnell ein neuer Name her.

Ich habe damals Live-Sendungen im Kinderfernsehen moderiert und bin für den Anruf meines Verlegers aus dem Studio geholt worden.

Ich sehe mich heute noch im Produktionsbüro stehen, den Hörer in der Hand, und »Tom Turbo« sagen. Ein viel besserer Name. Die Tigerstreifen hat Tom allerdings bis heute behalten.

Ideen aus dem Leben

Es ist grundsätzlich einfacher, über eine Welt zu schreiben, die du kennst.

Wenn deine Geschichte in der heutigen Zeit angesiedelt ist und nicht von Einhörnern, Vampiren oder Superhelden handelt, kann ich dir nur sehr empfehlen, zu Beginn alles zu verwenden, womit du vertraut bist. Du findest dich leichter zurecht, kannst schnell einmal nachsehen, wenn du Details brauchst, und schilderst etwas, das aus deinem persönlichen Erleben kommt und mit Gefühlen verbunden ist.

John Grisham schreibt fast ausschließlich Thriller, die in der Welt der Gerichte und Anwälte spielen. Er war selbst Anwalt, er kennt sich aus und seine Leidenschaft für den Beruf ist in jeder Zeile zu spüren.

In England hat ein Autor lange Zeit jedes Jahr ein neues Buch herausgebracht und jedes Mal mit unterschiedlichen Hauptpersonen. Man kann die Geschichten im Großen und Ganzen als Krimis bezeichnen. Was sie alle gemeinsam haben, ist eine Verbindung mit der Welt des Pferdesports, vor allem des Rennsports.

Der Grund: Der Autor Dick Francis war selbst Jockey. Er ist bei einem mysteriösen und niemals geklärten Unfall vom Pferd gefallen und musste aufgrund seiner Verletzungen das Reiten aufgeben. Auf der Suche nach einer neuen Tätigkeit begann er, Romane zu schreiben.

Obwohl man in jedem Buch Einblicke in eine andere Welt bekommt – vom Weinhandel, über Politik, Fotografie, Malerei bis zum Filmbusiness – so gibt es trotzdem immer einen Bezug zu Pferden. Dem Erfolg der Bücher hat das nicht geschadet, sondern Einzigartigkeit verliehen.

Arthur Conan Doyle, der Erfinder von Sherlock Holmes, war Arzt. So ist es kein Zufall, dass Dr. Watson, der Partner des berühmten Detektivs, ebenfalls ein Mediziner ist.

Mein liebstes Buch aus der Kindheit ist *Die Kinder von Bullerbü* von Astrid Lindgren. Mag Bullerbü mit seinen drei Höfen und den sechs Kindern auch erfunden sein, so basieren viele Geschichten auf Astrid Lindgrens eigener Kindheit, ihren Erinnerungen, Träumen und Wünschen. Ich finde, man merkt das auf jeder Seite.

Damit will ich dir aber nicht raten, dein persönliches Leben 1:1 abzubilden, es sei denn, es bietet so viel Stoff, dass es zum Roman taugt.

Orte, Menschen, Tätigkeiten und Ereignisse sollen dir als Grundlage dienen, als eine Atmosphäre, in der sich deine Geschichte gut entfalten kann. Auf diese Weise kannst du dich auf Charaktere und Plot konzentrieren, weil du für alles andere Vorbilder in der Realität hast.

Ideen durch Recherche

Wenn du dich für ein Thema interessierst und dich damit intensiv beschäftigst, löst das manchmal eine Art Sprinkleranlage der Ideen aus. Die Informationen, die du aufnimmst, können Gedanken auslösen oder auftauchen lassen, die ein immer klareres Bild einer Geschichte ergeben.

Diese Erfahrung habe ich neulich wieder bei den Recherchen für die Sisi-Krimis gemacht. Ehrlich gesagt kenne ich mich in der Zeit von Kaiserin Elisabeth wenig aus und hatte nur drei Bilder der Kaiserin im Kopf: Die süße Sisi aus den alten Filmen, die egozentrische Kaiserin aus dem Musical und die trauernde Elisabeth in Schwarz, die man auf vielen Bildern sieht.

Bis ich begonnen habe, verschiedene Bücher über Elisabeth zu lesen, und dadurch neue Ansichten gewann. Besonders inspirierend und hilfreich waren und sind weiterhin die Gespräche mit Historikerinnen und Experten von Schloss Schönbrunn, dem Sisi-Museum und dem Wien-Museum.

Wenn sie von Elisabeth erzählen, taucht die Welt von damals rund um mich auf. Wenn sie mich durch Räume führen und den Alltag der kaiserlichen Familie beschreiben, habe ich das Gefühl, die verschiedenen historischen Personen herumgehen zu sehen.

Gute Recherche bringt nicht nur Sachwissen, sondern eine Verbindung mit der Leidenschaft der Expertinnen und Experten. Ihre Begeisterung für ein Thema gibt den Informationen Farbe und Lebendigkeit. Meine Fragen haben ungeahnte Antworten gebracht und damit wieder neue Anstöße und Ideen.

Eine unerschöpfliche Quelle an Ideen für Mordmethoden ist ein Gerichtsmediziner, mit dem ich heute auch befreundet bin. Wenn ich ihn um ein Gespräch für ein neues Buch bitte, beginnt er jedes unserer Treffen mit den Worten: »Wie morden wir diesmal?«

Ich schildere ihm in groben Zügen, worum es im Fall gehen soll. Er zählt mir Arten des Mordens auf, die mir nie in den Sinn gekommen wären. Die Krimis bekommen dadurch überraschende Wendungen und die Entlarvung der Täter birgt den größten Überraschungseffekt.

Grundlage für alle Recherchen ist aber immer die Idee für eine Geschichte. Manchmal ist es ein spannender Moment, ein scheinbar unlösbares Rätsel oder ein völlig unerklärliches Ereignis, das den Anstoß bildet.

Im dritten Fall von Kaiserin Elisabeth wird zum Beispiel ihr Fächer in der Hand eines ermordeten Barons in seinem Wiener Ringstraßen-Palais gefunden. Nur ihre engste Vertraute, Hofdame Ida, und die Kaiserin kennen die Herkunft des Fächers, der in einem Zeitungsartikel genau beschrieben wird. Ein ehrgeiziger junger Polizeibeamter ermittelt in dem Fall und kommt der Wahrheit auf die Spur.

Sisi steht unter Druck, den wahren Mörder zu finden und eine Antwort auf die Frage zu bekommen, wieso der Tote ihren Fächer in Händen hält.

Hintergrund der Geschichte ist eine wahre Begebenheit. Kaiserin Elisabeth hat sich verkleidet und maskiert auf einen Faschingsball geschlichen, wo sie einen Mann kennenlernte, für den sie später schwärmte.

Meine Erfahrung ist, dass die Grundlage der Geschichte und die wichtigsten Fragen der Recherche VOR dem Beginn des Schreibens vorliegen sollten. Detailfragen tauchen im Schreibprozess immer noch viele auf. Wenn ich im Fluss bin, im Flow, wie es so schön heißt, notiere ich diese Fragen und setze an die Stelle, wo die Antwort später eingesetzt werden soll, drei *XXX*.

Recherche soll anregen und Ideen bringen, nicht aber zu Bleistiefeln werden, die jeden Schritt beim Schreiben zu einem Kraftakt machen.

Oder anders ausgedrückt: Willst du eine Welt beschreiben, die du selbst erst erforschen musst, mach dich mit ihr so vertraut, als hättest du dort immer schon gelebt.

WAS SIND DEINE IDEEN?

o Hast du etwas gesehen, gehört oder gelesen, das eine zündende Idee für dich sein kann?

o Gibt es Menschen oder auch Tiere, die dich inspirieren und über die du unbedingt schreiben willst?

o Warst du an Orten, wo du gerne eine Geschichte spielen lassen willst? Hast du dort vor deinem geistigen Auge schon Szenen gesehen?

o Hast du Ideen für einen Titel, der dich begeistert? Egal, wie schräg oder ausgefallen.

o Welche Ideen bietet dein Leben? Was könnte für andere so interessant sein, dass sie unbedingt darüber lesen wollen?

o Hast du Interessen, die du mit Lust und Leidenschaft verfolgst? Sport, Kunst, Musik, Handwerk, Geologie oder Limakologie?

  PS: Limakologie ist die Lehre von den Schnecken.

o Welche Ideen reizen dich so sehr, dass du über sie schreiben willst?

Deine Ideen

....

....

....

....

....

....

....

....

....

....

....

....

....

....

....

....

....

....

....

....

....

....

....

....

....

WIE IDEEN ZU
GESCHICHTEN WERDEN

Wichtig:

Notiere jede Idee, die dir auf irgendeine Art
unterkommt. Am besten, du hast stets etwas
griffbereit, worin du Ideen festhalten kannst.
Wenn du etwas siehst, etwas liest oder hörst,
das dir brauchbar erscheint, dann schreibe
es sofort auf. Ideen haben die unangenehme
Eigenschaft, schnell aus dem Kopf zu
verschwinden und unauffindbar zu bleiben.
Aus diesem Grund brauchen sie
sofortige Versorgung.

Wenn es um Geschichten geht, hat intensives Nachdenken bei mir höchstens einen Effekt: Ich bekomme Kopf-
schmerzen davon.

Geschichten sind raffinierte kleine Biester, die sich
nicht aus ihren Löchern zwingen lassen. Man kann sie
nicht einmal locken oder ihnen einen Köder vor die
Nase halten. Sie beißen nicht an.

Die besten Gedanken für Geschichten kommen mir,
wenn ich die Geschichte einfach links liegen lasse, als
wollte ich sie überhaupt nicht schreiben.

Mich zu entspannen und mein Hirn zu leeren sind für mich Methoden, die Ideen sprudeln lassen. Zu Beginn jedenfalls, wenn ich am Ausdenken einer Geschichte bin.

Gehen ist mein Trick Nummer eins. In Wien spaziere ich viel mit meinem Hund, der zum Glück seine Gassi-Runden unerbittlich einfordert. In meiner zweiten Heimat London wandere ich stundenlang durch die Straßen.

Als ich für das Fernsehen die Serie *ABC-Bär* geschrieben habe, musste ich mir für jede Folge ein Lied ausdenken. Zu dieser Zeit habe ich im südenglischen Brighton am Meer gelebt. Ich hatte das schönste Schreibzimmer der Welt mit Ausblick auf das offene Meer.

Eingefallen sind mir dort aber keine Reime. Ich habe gewartet, mir einen Espresso nach dem anderen gekocht, literweise Wasser getrunken und mich beschimpft, was ich doch für ein undankbarer Kerl bin, dem an einem so wunderbaren Platz keine Ideen kommen.

Die Lösung hieß: gehen!

Ich habe mir die Themen der Sendungen angesehen und ein, zwei Sätze dazu notiert. Dann bin ich losmarschiert. Es waren sicherlich die herrlichsten Spaziergänge meines Lebens, entlang der Küste von Brighton bis in die Stadt, die mehr oder minder angewachsen ist und Hove heißt. Ich bin gegangen und gegangen und gegangen. Und die Strophen und Refrains haben sich wie von selbst in meinem Kopf geschrieben. Ich habe sie probeweise gesungen und war den ganzen Tag fröhlich und vor allem erfüllt und zufrieden. Notiert habe ich die Texte übrigens nicht. Ich habe sie in mein Handy diktiert, damit ich den kreativen Fluss in meinem Kopf nicht unterbreche. Nach ein paar Stunden bestand meine Ausbeute aus zwei oder drei Songs, die ich zu Hause abgetippt und überarbeitet habe.

Auch nach mehr als dreißig Jahren Autorentätigkeit, nach all den Büchern, die ich schon geschrieben habe, und bei all der Weisheit, die ich in diesem hier versprühe, befolge ich meine eigenen Ratschläge trotzdem nicht immer.

Es geschieht nach wie vor, dass ich vor dem Laptop hocke und den Bildschirm anstarre, als könnte ich ihn hypnotisieren. Ich will die Ideen erzwingen und bin zu faul, mich zu bewegen.

Der Erfolg ist minus null.

Ideen kommen mir, wenn ich etwas völlig anderes tue. Es geschieht immer wieder, dass ich aufspringe, während ich eine Serie schaue, und zum Laptop rase, weil mir endlich die Idee gekommen ist, die ich so lange gesucht habe. Das hat nie etwas mit dem Film oder der Serie zu tun, vor denen ich sitze. Mir kann bei einer RomCom die Idee zu einer besonders spannenden Szene in einem Krimi einfallen, die in einem Verlies ohne Fluchtmöglichkeit spielt.

Kochen und Haushaltstätigkeiten funktionieren bei mir nicht. Ich habe beides probiert, aber ohne großen Erfolg. Und ich sage das nicht nur, um mich vor diesen Arbeiten zu drücken.

Schwimmen ist eine andere Art, Ideen aus ihren Verstecken hervorzulocken. Im Sommerurlaub suche ich immer nach Orten, wo ich entweder im Meer oder in einem schönen Pool mindestens eine Stunde, besser zwei, schwimmen kann. Manchmal gebe ich meinem Gehirn den Auftrag, sich ein neues Abenteuer des Tiger-Teams auszudenken oder andere kleinere Geschichten. Manchmal gibt es einen Grundgedanken zu einem neuen Roman, der in meinem Kopf seine Runden dreht.

Beim Schwimmen tauchen ohne Vorwarnung Bilder, Handlungsfetzen und Möglichkeiten auf, mit denen ich nicht gerechnet hatte. Die Herausforderung besteht darin, sie mir zu merken, bis ich wieder aus dem Wasser bin. Dann diktiere ich sie schnell und später notiere ich sie.

Immer wieder komme ich zu dem Bild des Puzzles zurück: Die richtigen Steine fallen von allein an die passenden Stellen. Es fühlt sich einfach gut an. Gut und richtig.

Ich erzähle euch das alles einfach so, weil ich es nicht analysieren will. Bei euch kann es völlig anders sein. Vielleicht habt ihr Ideen beim Brotbacken, Fensterputzen oder im Fitness-Center, wenn euch der Schweiß über das Gesicht läuft. (Das ist übrigens für mich ein Kreativitätskiller.)

Menschen sind verschieden und ihr müsst ausprobieren, was am besten für euch funktioniert.

Zum Thema Entspannung aber noch eine Geschichte aus meinem Leben: Jedes Jahr mache ich eine Ayurveda-Kur bei einem Freund und Arzt in Indien. Sein Name ist Dr. Vijay, wir kennen uns lange und durch ihn habe ich die entgiftende und heilende Wirkung von Ayurveda kennengelernt. Für mich ist es die tiefste Entspannung und Erholung.

Hauptbestandteil dieser Therapie sind Massagen mit großen Mengen an Kräuterölen, die manche sicherlich als stinkend bezeichnen würden. Ich liege dann, nur mit einem winzigen Lendenschurz bekleidet, auf einem geschnitzten Holztisch, werde mit diesen Ölen übergossen und eingerieben und nach einer uralten Methode namens Ab Jenga massiert. Es sind gekonnte Griffe und Bewegungen, die eine einschläfernde Wirkung auf mich haben.

Der zweite Teil ist Shiro Dara. Dabei liege ich auf dem Rücken, habe die Augen zum Schutz verbunden und Dr. Vijay lässt eine Stunde lang warmes Öl aus einem Gefäß, das über mir hängt, auf meine Stirn rinnen.

Bei meinem letzten Besuch in Indien war ich ziemlich erschöpft und außerdem schrecklich erkältet. Die warme, feuchte Luft hat mir aber gutgetan und die Behandlungen haben ihre Wirkung nicht verfehlt. Ich wurde mit jedem Tag entspannter.

Es passierte am fünften Tag von acht. Ich lag wieder auf dem harten Holztisch und habe vor mich hin gedämmert. Auf einmal, ohne dass ich es beabsichtigt hatte, sind mir die Grundideen für Kaiserin Elisabeths vierten Fall gekommen. Ich hatte auch gleich einen Titel und wusste, wer die Hauptpersonen waren und wie die Lösung lauten würde.

Das Ganze hat vielleicht eine Viertelstunde gedauert. Aber damit nicht genug, das Puzzlespiel der Ideen für einen anderen Roman, den ich gerade vorbereitete, hat ebenfalls eingesetzt. Mir war schlagartig klar, dass meine bisherigen Überlegungen nicht funktionierten. Den Kern der Geschichte würde ich behalten, aber alles andere hatte eine völlig neue Form angenommen.

Gekrönt wurde alles von diesem Gefühl der Leichtigkeit. Es hat sich richtig angefühlt. Ich wusste, dass ich innerhalb einer Stunde die Grundideen für zwei große neue Geschichten gefunden hatte. Inklusive Titel.

Dr. Vijay kennt mich und als ich ihn während der Behandlung um mein Smartphone gebeten habe, hat er es mir gebracht. Da meine Hände vor Öl trieften, reichte er mir ein Tuch, um sie abzuwischen. Ich nahm ein paar Minuten lang eine Sprachnotiz auf, dann konnte ich mich wieder den Massagen hingeben.

Während meines Aufenthalts ist mir sonst absolut nichts eingefallen. Diese zwei Ideen waren allerdings groß und ich kann es kaum erwarten, aus ihnen Bücher entstehen zu lassen, für die es wiederum noch viel Vorbereitungsarbeit gibt.

Wie heißt es doch so schön: Unverhofft kommt oft.

Na ja, leider nicht so oft. Aber in diesem Fall war es ein Gefühl, das ich mit etwas vergleichen kann, worüber man nicht in aller Öffentlichkeit spricht.

Strengt eure Fantasie an. Ihr wisst, was ich meine.

Es gibt zwei Arten von Menschen,
die Bücher schreiben wollen:

Solche, die darüber reden, dass sie ein Buch
schreiben wollen.
Und solche, die es tatsächlich tun.

Du willst nur zur zweiten Gruppe gehören.

Das Schreiben

Wo schreibt man am besten?
Wann schreibt man am besten?
Welche Vorbereitungen muss man treffen?
Wie fängt man an?
Der beste erste Satz, die beste erste Seite?
Wie schafft man es, 300 Seiten zu schreiben?

WO SCHREIBT MAN AM BESTEN

EGAL!

Völlig egal.

Hauptsache, du fühlst dich wohl.

Ist ein eigenes Arbeitszimmer nötig? Oder ein fixer Arbeitsplatz?

Die Romanautorin Rosamunde Pilcher, deren Liebesgeschichten jahrelang Millionen von Menschen glücklich gemacht haben, schrieb am Küchentisch. Mit der Hand.

Johann Wolfgang von Goethe, der wahrscheinlich größte Dichter und Denker der deutschen Sprache, saß auf einem Sitzbock in seinem Gartenhäuschen. Ein Sitzbock sieht aus wie ein schmaler Sattel aus hartem Holz, auf dem man rittlings sitzt, wie auf einem Pferd. Das tut weh! Herr Goethe fand den Schmerz wichtig, damit er sich besser konzentrieren konnte und schneller fertig werden wollte.

Roald Dahl, von dem *Charlie und die Schokoladenfabrik* und andere fantastische Romane stammen, zog sich in den Garten in eine Art Schuppen zurück. Dort saß er in einem Lehnstuhl, die Beine in einem Schlafsack. Ein Brett, das er quer über die Armstützen legte, war sein Schreibtisch, auf dem er immer mit einem HB-Bleistift auf gelbem, liniertem Papier schrieb.

Von Agatha Christie wird erzählt, sie hätte Ideen am liebsten in ihrer großen Badewanne entwickelt, während sie Äpfel aß. Die Wanne hatte eine spezielle Abstellfläche, wo Papier, Bleistifte und Äpfel bereitlagen.

Ich selbst schreibe am besten an Orten, die von meinem Alltag entfernt sind. In meinem Haus gibt es ein Arbeitszimmer. Mein liebster Schreibplatz aber befindet sich im Garten. Es ist ein roter Wohnwagen, ähnlich einem Zirkuswaggon. Ich habe dort nicht nur einen komplett eingerichteten Schreibplatz, sondern auch einen Mini-Kühlschrank, eine Mini-Espresso-Maschine, Lampen, einen Ventilator zur Kühlung im Sommer und eine Heizung für den Winter.

Seit dreißig Jahren ist London meine zweite Heimat, mein Platz für Inspiration und der Ort, an dem gut zwei Drittel meiner Bücher entstanden sind. Einen Teil dieser Zeit habe ich im Hotel gewohnt und war dort besonders produktiv, da ich mich ausschließlich auf das Ausdenken von Geschichten und das Schreiben konzentrieren konnte und mich um sonst nichts kümmern musste. Außerdem konnte ich in der Lobby oder beim Frühstück im Hotelrestaurant Leute beobachten und Charakter-Studien betreiben.

Heute ist eine kleine Wohnung, die ich mitten in London gefunden habe, mein großer Stolz. Sie ist mein Rückzugsort. Mein Arbeitszimmer, das sich auf dem Dach befindet, nenne ich Kommandobrücke. Dort fällt mir das Schreiben leichter als irgendwo sonst.

Ich liebe Wien, ich liebe meine Familie hier, mein Zuhause und meine beruflichen Tätigkeiten. Aber der Abstand zu alldem gibt mir in London eine innere Ruhe, die für meine Schreiblust und Konzentration von höchster Bedeutung ist.

In der Wohnung ist es sehr still, da kaum Geräusche von draußen hineindringen. Deshalb lasse ich in der Küche oft leise das Radio an. In meinem Arbeitszimmer höre ich dann nur ein wenig Musik oder Gemurmel. Ich habe gemerkt, dass mich diese Geräusche nicht ablenken, sondern meine Konzentration sogar steigern. Jedenfalls hilft es mir mehr als absolute Stille.

Als ich mich eine Zeit lang nicht so gut konzentrieren konnte, hat mir ein Freund geraten, in einem Café in London zu schreiben. Er meinte den Coffeeshop einer großen Kette, wo man sich meistens Espresso, Cappuccino oder Latte im Pappbecher abholt, aber sich auch hinsetzen kann.

Rund um mich wurde geredet und gelacht und …

… tatsächlich habe ich besser in das Schreiben und meine Geschichte gefunden. Später hat mir ein Psychologe erklärt, dass die Gespräche um mich herum die innere, kritische Stimme im Kopf übertönen, die uns oft am Schreiben hindert. Macht Sinn, finde ich.

Mein Schreibtisch, mein Kraftplatz

Wichtig sind für mich Ordnung und Chaos. Das ist kein Widerspruch.

Wenn ich an einer Geschichte schreibe, will ich keine Post, Rechnungen oder Zeitschriften auf dem Schreibtisch liegen haben. Klarheit auf dem Tisch bedeutet Klarheit im Kopf, zumindest für mich. Alles, was mich ablenken könnte, wird weggeräumt.

Um dem Schreibtisch aber eine kraftvolle Ausstrahlung zu geben, stelle ich gerne Sachen auf, die mir Freude bereiten und die gute Erinnerungen in mir wecken.

Es sind Souvenirs, die ich von Reisen mitgebracht habe. Schreibgeräte, die ich vielleicht nicht viel einsetze, aber mag. Blumen oder Duftkerzen. Ungewöhnliche Lampen. Zum Beispiel habe ich eine Stehlampe, deren Schirm eine Melone ist (die Kopfbedeckung), und eine andere Lampe ist die Statue eines Affen, der eine längliche Glühbirne hält.

Es gibt mir Kraft, wenn mein Blick während des Schreibens auf Dinge fällt, die für mich Freude bedeuten. Diese Sachen verändern sich mit der Zeit. Vor kurzem sind etwa bunte Kristalle dazugekommen, dafür ist wiederum ein geschnitzter Löwe ins Regal übersiedelt.

Die Wände rund um mich sind nicht leer, die Bilder aber klar und in Farben, die mich inspirieren, animieren und munter machen (vor allem Rot, Orange und Meerblau).

WANN SCHREIBT MAN
AM BESTEN

Die platte Antwort: Wann immer du am kreativsten bist. Manche schreiben im Morgengrauen, andere schlafen bis Mittag, manche können nur in der Nacht schreiben ...

Mein persönlicher Rhythmus: Zwischen 8.30 Uhr und 9 Uhr setze ich mich an den Laptop.

Ideal und am besten wäre: sofort mit dem Schreiben beginnen! Keine E-Mails ansehen, kein Surfen im Internet, keine Online-Spiele, sondern direkt hinein in die Geschichte ...

Manchmal tue ich das auch. Aber ...

... manchmal beantworte ich dann doch erst E-Mails, lese online den größten Quatsch aller Zeiten, nämlich Schlagzeilen, oder spiele Backgammon. Zum Thema Schlagzeilen habe ich von einem Psychologen einen interessanten Hinweis bekommen: Sie können süchtig machen, weil die ständigen Katastrophenmeldungen einen Kick verpassen und für Adrenalinausstoß im Körper sorgen.

An manchen Tagen stehe ich nach ein paar Minuten wieder auf und gehe mit dem Hund spazieren oder in den Garten, um ihm den Ball zu werfen.

An manchen Tagen aber fange ich um Punkt 9 Uhr an und tippe wie wild. An anderen Tagen erreicht mich der Schreibanfall erst am Nachmittag und ich schreibe in einer Stunde so viel wie in den sechs davor.

Für diesen »späten Beginn« habe ich vom Psychologen auch eine Erklärung bekommen, die mir hilft: In Zeiten, in denen ich intensiv schreibe, bin ich sensibler. Ängstlich frage ich mich dann, was mich an diesem Tag erwartet. In meinem Kopf kann die Kreativitätsmaschine nicht nur Ideen für die Geschichte, sondern auch Angstvisionen für mein Leben schaffen.

Wenn bis Nachmittag keine dieser Visionen eingetreten ist, beruhige ich mich und meine Konzentration richtet sich auf die Geschichte, die ich schreiben will.

Die ersten Zeilen oder Seiten eines neuen Buches tippe ich auch zu ungewöhnlichen Zeiten: mitten in der Nacht zum Beispiel. Aus heiterem Himmel fallen mir Sätze ein, ich rase zum Laptop und schreibe. Ehe ich mich versehe, ist ein Kapitel fertig.

Wenn ich ins letzte Drittel eines Romans komme, gelten meine üblichen Schreibzeiten von 9 bis 18 Uhr auch nicht mehr. Mein Drang, endlich fertig zu werden, ist so groß, dass ich manchmal bis 22 Uhr beim Laptop bleibe. Falls ich die letzten Sätze schaffe, tut mir beim Aufstehen der ganze Körper höllisch weh, weil ich so verkrampft gesessen bin. Außerdem rasen die Gedanken in meinem Kopf, wie Autos bei der Formel 1. Ich brauche dann Bewegung und Ablenkung, um irgendwann zur Ruhe zu kommen.

Beende ich ein Buch am frühen Nachmittag, kann es sein, dass ich sofort den Anfang des nächsten Buches tippe oder überhaupt weiterschreiben will.

Das aber ist keine gute Idee.

Ich befinde mich nämlich in einer Art Rauschzustand. Mein Hirn läuft auf Hochtouren und meint, es könne dieses Tempo und diese Spannung beibehalten.

Gut geht das nur kurze Zeit, dann aber kann die Erschöpfung dreimal so schlimm zuschlagen und mich wirklich in Verzweiflung und dunkle Gedanken stürzen.

So schwer es mir in der Euphorie des Fertigwerdens fällt, ich muss mich einbremsen.

Feiern hilft dann immer.

Grins.

WIE SCHREIBT MAN AM BESTEN

Mit der Hand schreiben? Oder tippen? Oder Speech-to-Text und das Tippen dem Computer überlassen?

Ideen habe ich früher am liebsten mit der Hand notiert. Heute diktiere ich sie als Speech-to-Text in mein Handy.

Meine Handschrift kann ich gerade noch in meinem Tagebuch entziffern und dort auch nur, wenn ich mir beim Schreiben Zeit lasse und »schön« schreibe.

Seit ich denken kann, habe ich mit einem »Hilfsmittel« geschrieben. Erst waren es Schreibmaschinen, sehr bald Computer und schließlich Laptops.

Heute schreibe ich nur noch auf Laptops. Ich habe mehrere davon, da ich auch mehrere Schreibplätze habe. Es ist ein Luxus, den Laptop nicht herumtragen zu müssen, sondern alle Dokumente in der Cloud gespeichert zu haben. So kann ich sie immer und überall abrufen, auch auf meinem Handy oder iPad, wenn ich unterwegs bin.

Ich schreibe mit Word und nur auf Apple-Geräten. Die Oberfläche von Microsoft finde ich zu technisch und nicht inspirierend.

Sehr viele meiner Bücher habe ich mit dem Laptop auf dem Schoß und drei Fingern getippt: Zeigefinger links, Mittelfinger rechts und Daumen rechts für die Leertaste.

Auf diese Weise konnte ich rasend schnell schreiben.

Ein Osteopath in London, den ich aufgrund von Nacken- und Rückenschmerzen konsultiert habe, fragte mich, wie lange ich noch schreiben möchte. Mit meiner

Methode sorgte ich für Verspannungen und Schäden im Rücken, die mir das Tippen immer schwerer machen würden. Sein Rat war:

- *Wichtig Nr. 1*: Den Kopf immer gerade halten. Ich tippe auf einem Laptop, verwende aber einen separaten Bildschirm, der höher ist.

- *Wichtig Nr. 2*: Schreib mit allen zehn Fingern. Um diese Methode zu erlernen, habe ich ein absolut geniales Lernsystem gefunden. Es prägt die Tasten und Buchstaben mithilfe von Farben und Bildern und einer Art Hypnose ein. Nach nur einem Tag konnte ich grundsätzlich mit zehn Fingern schreiben.

  Der Rest war Übung und Erfahrung. Ich habe mich durchgebissen (die ersten Manuskripte mit dieser Methode waren hart) und es hat sich ausgezahlt.

- *Wichtig Nr. 3*: Wenn du länger schreibst, achte auf deinen Sessel. Das Sitzen soll selbstverständlich und einfach sein, der Rücken gerade und das Wichtigste: Du sollst die Ellbogen auf Armstützen legen können. Das entlastet sehr.

  Mein großes Glück: Ich habe schmale Schreibtische, deren Höhe ich auf Knopfdruck verstellen kann. So ist es mir möglich, im Sitzen und im Stehen zu schreiben. Ich kann sogar vier verschiedene Höhen programmieren und so auch im Stehen Abwechslung haben.

Bei Video-Konferenzen stelle ich den Tisch so hoch, dass der Bildschirm auf Augenhöhe ist. Will ich Stichworte tippen, muss ich die Hände höher heben, aber für die kurze Zeit ist das in Ordnung.

○ *Wichtig, wichtig, am allerwichtigsten*: aufstehen!

Bin ich sehr vertieft, stelle ich mir sogar einen Reminder am Smartphone. Alle 45 Minuten erinnert er mich, aufzustehen und mich zu strecken.

Arme in die Höhe und nach links und rechts beugen und die Muskeln dehnen. Kopf nach hinten legen und dann Kinn an die Brust. Halsmuskulatur dehnen, indem du den Kopf auf beide Seiten beugst.

Springen oder ein bisschen tanzen tut gut und lockert auf.

Wollen die Ideen nicht fließen, Bewegung machen. So wie du die Arme und Beine ausschütteln kannst, schüttelst du damit auch die Gehirnzellen aus.

ALLER ANFANG IST
DER NACKTE HORROR

Wenn du meinst, du hättest eine Idee für eine Geschichte oder sogar bereits einen Roman in deinem Kopf, dann gibt es viele Arten anzufangen.

Allerdings hat der »Club der Menschen, die Panik vor der leeren weißen Seite haben« ziemlich viele Mitglieder. Mich eingeschlossen.

Falls du glaubst, die Panik hört jemals auf, dann muss ich dich enttäuschen. Ich hoffe seit mehr als dreißig Jahren, dass die Angst vor dem Anfangen endlich verschwindet. Ich fürchte, sie wird mich bis an mein Lebensende begleiten.

Ich bin Meister im Zögern, im Trödeln oder Prokrastinieren, wie es in der Fachsprache heißt.

Deshalb nenne ich mich auch den Präsidenten des Clubs der Prokrastinierer.

Nach mehr als 600 Büchern frage ich mich immer noch jedes Mal, wenn ich ein neues Projekt beginne, ob ich das überhaupt kann. Ob es überhaupt Leute gibt, die das Buch lesen wollen? Ob es eine Chance hat, gut zu werden? Ob ich nicht als Autor zu schlecht bin und alle anderen wesentlich besser sind als ich?

Außerdem habe ich Panik bei großen Romanen, die am Ende 300 oder sogar 400 Seiten haben werden. Werde ich überhaupt genug Ideen finden? Wie soll ich diese Menge an Wörtern schaffen? Es sind mehr als 80.000.

Mir erscheint das Schreiben dann wie die Besteigung des Himalayas.

Zum Jubiläumsjahr von Hans Christian Andersen wurden Christine Nöstlinger und ich ausgewählt, als Andersen-Botschafter an den Feierlichkeiten in Dänemark teilzunehmen. Christine Nöstlinger hat Kinderliteraturgeschichte geschrieben und ist mit vielen internationalen Preisen ausgezeichnet worden. Als wir uns eines Abends in der Hotelbar getroffen haben, hat sie erzählt, dass sie sich oft denkt, wenn sie mit einer neuen Geschichte anfängt: Diesmal werden sie herausfinden, dass ich das eigentlich nicht kann.

Sie blieb von diesen Ängsten also auch nicht verschont.

Wenn ich anfangen sollte, aber den Mut dazu nicht finde, dann spiele ich Backgammon im Internet. Auf einer Plattform, wo ich die Münzen zum Einsetzen kaufen muss. Ich weiß mittlerweile, dass der Algorithmus raffiniert programmiert ist und genau weiß, wie er mich zur Weißglut und zum Nachkaufen von Münzen bringen kann.

Nichtsdestotrotz lande ich immer wieder auf dieser Seite. Bevor ich mit dem Schreiben anfange, spiele ich eine halbe Stunde, manchmal länger. Ich ärgere mich, weil ich kostbare Zeit mit diesem Unsinn vertue, aber ich komme nicht davon los.

Das Spielen hat jedoch sehr oft eine positive Wirkung: Mir fallen die ersten Sätze ein, weil mein Hirn durch die Konzentration auf die Spielsteine und die vielen Emotionen beim Verlieren und Gewinnen abgelenkt ist. Diese Art des Backgammons hilft also, aber ich habe trotzdem ein schlechtes Gewissen.

Es gibt einen Spruch, den ich vor langer Zeit bei Freunden, die ein sehr gutes Restaurant führten, aufgeschnappt habe. Jedes Mal, wenn ich bei ihnen essen war, habe ich den Koch gebeten, einige meiner Lieblingsspeisen einzufrieren, damit ich sie mitnehmen konnte. Und jedes Mal kam er mit einer neuen Ausrede. Schließlich sagte er, er könne nicht die richtigen Behälter finden.

Seine Frau wurde ungehalten und sagte schließlich energisch: »Jetzt frier das Zeug einfach ein.«

Umgelegt auf mein Schreiben lautet der Spruch: »Jetzt schreib das Zeug endlich hin.«

Das hilft!

Meine Umgebung, also die lieben Menschen rund um mich, die es gut mit mir meinen, kennen alle diesen Spruch. Jammere ich herum, dass ich mir so schwertue und mir nichts einfällt, kommt sehr schnell: »Jetzt schreib das Zeug endlich hin.«

Das mache ich dann meistens auch.

Ich habe nämlich eine wichtige Ergänzung: »Schreib's hin, löschen kannst du es später immer noch.«

Oder überarbeiten, das reicht manchmal auch schon.

Dann tippe ich also den ersten Satz. Lösche ihn, tippe ihn wieder hin, manchmal drei oder vier Mal. Auf einmal steht dann auch der zweite Satz da. Der erste Absatz. Vielleicht die erste Seite.

Ich gleite in die Geschichte. Rund um mich verschwindet das Zimmer, dafür taucht die Welt auf, in der mein Roman spielt. Ich sehe die Figuren, ich bin mittendrin. Ich schreibe.

Schon drei Sätze sind genug

Wenn du eine Idee für eine Geschichte hast, die nur drei Sätze lang ist, so ist das großartig. Vor allem dann, wenn die drei Sätze deine Geschichte in ihrer Ganzheit beschreiben.

Irgendjemand hat einmal gesagt, alle großen Werke können mit höchstens drei Sätzen beschrieben werden, egal, ob es sich dabei um die Grundidee eines Romans handelt oder um die Idee von erfolgreichen Filmen und Serien.

Deine drei Sätze

....

....

....

....

....

....

....

....

....

Beispiele:

Harry Potter

Ein Waisenjunge mit Zauberkräften findet neue beste Freunde in einem Internat der Magie, das er acht Jahre lang besucht. Er entdeckt, dass er die Fähigkeit besitzen soll, Lord Voldemort, einen Magier des Bösen, zu besiegen, der seine Eltern ermordet hat, obwohl er eigentlich ihn hatte töten wollen.

Der kleine Prinz

Ein abgestürzter Pilot trifft auf einen Jungen, der ihm von verschiedenen Planeten erzählt, die er auf seiner Reise zur Erde besucht hat. Die Planeten und ihre Bewohner sind poetische Vergleiche mit Aspekten des Lebens.

Romeo und Julia

Zwei junge Leute aus verfeindeten Familien verlieben sich ineinander, aber die Verbindung wird niemals erlaubt werden. Julia plant eine Flucht und täuscht dazu ihren Tod vor, doch Romeo hält sie tatsächlich für tot und trinkt verzweifelt Gift. Beim Erwachen findet Julia ihren toten Geliebten und ersticht sich.

Star Wars

Der skrupellose Imperator herrscht über die Galaxis, sein furchteinflößender Scherge Darth Vader verbreitet Angst und Schrecken. Mit einer gigantischen Raumstation namens Todesstern wollen sie jeglichen Widerstand vernichten. Rebellen, zu denen der junge Abenteurer Luke Skywalker, Prinzessin Leia und humanoide Roboter gehören, wollen den Imperator stürzen und die Galaxis befreien.

Titanic

Eine Liebesgeschichte von der reichen Rose und dem armen Jack, die sich auf der Titanic kennenlernen und deren Liebe aufgrund ihrer unterschiedlichen sozialen Herkunft unmöglich erscheint. Beim Untergang der Titanic opfert Jack sein Leben, um Rose zu retten.

Friends

Eine Serie über sechs Mittzwanziger in New York, die alle sehr starke und teils skurrile Persönlichkeiten sind. Wir sehen, wie sie sich entwickeln. Ihre Freuden und Sorgen, ihre Liebesbeziehungen untereinander und mit anderen werden humorvoll und berührend geschildert.

Die kurze Beschreibung deiner Geschichte kann sich zu einem Magnet für Ideen entwickeln. Du brauchst die Hauptpersonen, die Schauplätze und jede Menge Details. Hast du eine Grundidee, wirst du auf immer mehr zusätzliche Ideen stoßen.

Nur drei Sätze können dir Energie geben, dich in das Abenteuer des Schreibens zu stürzen. Sie sind so etwas wie der Zündfunke, der dein Schreib-Feuer zum Lodern bringt.

Die scheinbare Leere im Kopf gibt es nicht mehr. Du hast eine Vorstellung deiner Geschichte. Los geht's!

Na ja, vielleicht auch nicht.

Der Weg von Seite 1 bis 320

Fange ich mit einem neuen Roman an, packt mich die Verzweiflung meistens schon auf Seite 1. In meinem Kopf heult eine Stimme:

Wie bitte soll aus meiner Idee ein richtig langer und spannender Roman mit 300 und mehr Seiten werden?

Übrigens habe ich diese Art von Panik auch bei Büchern, die nicht so umfangreich sind.

Es ist ein Gefühl, als stünde ich auf der untersten Stufe einer Treppe, die steil nach oben bis ins hundertste Stockwerk führt. Noch vor dem ersten Schritt packt mich die Erschöpfung.

Was ich nun schreibe und rate (mir selbst und dir), klingt schrecklich vernünftig und belehrend, ist aber das einzig Richtige:

Nimm Stufe nach Stufe nach Stufe und versuch nicht, bis zum Ende der Treppe zu schauen.

Mein Trick gegen das Verzweifeln und für eine Stärkung meiner Disziplin:

- Ein kleiner Plan für jeden Tag
- Inklusive Belohnung

Das kannst du dir so vorstellen:

Wenn ich mich an den Schreibtisch setze, öffne ich eine Notiz am Laptop. Als Titel trägt sie:

HEUTE ZUR FREUDE

Ich setze mir dann ein Schreibziel.

- Wenn ich ein neues Projekt beginne, sind das zum Beispiel 500 oder 1.000 Wörter. Bei kürzeren Geschichten sind es weniger Wörter, da nehme ich Kapitel als Maß, etwa vier Kapitel.
- Wenn ich in der Geschichte weiterkomme, erhöhe ich die Tagesziele. Im Schnitt sind es dann 2.500 Wörter.
- In der Zielgerade nehme ich mir manchmal sogar 3.500 Wörter vor.

Meine Erfahrung ist es, auf diese Weise mehr zu schaffen, als wenn ich einfach »nur« schreibe. Ein Ziel gibt Antrieb.

Auf diesen virtuellen Notizzettel kommen auch andere Dinge, die ich an diesem Tag machen will oder muss.

Das Wichtigste aber ist die *BELOHNUNG*, die ich mir verspreche, wenn ich das Schreibziel erreiche. Das kann ein Glas Wein sein, eine Folge einer Serie, jemanden treffen, spontan ins Theater oder Kino gehen, etwas Gutes, das ich gerne essen will …

Es kommt nicht auf die Größe an, sondern nur darauf, wie gut mir etwas tut.

Kenne deine Ziele

Ich überschätze immer wieder meine Leistungsfähigkeit und unterschätze, wie lange ich zum Schreiben brauche. Eine Stunde hat für mich in der Planung manchmal 120 Minuten und der Tag mindestens 36 Stunden. Das führt zu mehr oder weniger Frust.

Wenn ich mein Tagesziel nicht erreiche, verdiene ich die Belohnung gleich doppelt: als Ansporn für den nächsten Tag und zur Entspannung und zum Sammeln neuer Kräfte. Es kommt vor, dass ich versuche, am nächsten Tag aufzuholen, was ich nicht geschafft habe, und ab und zu gelingt es.

Die genaue Planung jedes Tages zeigt mir, wie gut ich weiterkomme und vor allem, *DASS ICH WEITERKOMME*. Die Treppe vor mir scheint nicht mehr unendlich weit nach oben zu führen.

Für mich ist es von großer Bedeutung, Ziele und Fortschritt messbar und sichtbar zu machen und sie mir vor Augen zu führen. Das beruhigt und gibt Schwung und Kraft.

Der Trick des unvollständigen Satzes

Fast jeden Abend muss ich … (Wie du vielleicht schon mitbekommen hast, verstoße ich gerne gegen meine eigenen Prinzipien und tue immer wieder etwas anderes, als ich hier rate. Ich bin nämlich keine Maschine …)

Ich fange von vorn an:

Fast jeden Abend muss ich dem Drang widerstehen, mich »leer« zu schreiben. Ich höre auf, wenn ich noch ein paar Ideen habe, wie die Geschichte weitergehen soll.

Diese Ideen notiere ich als Stichworte unter der letzten Zeile, damit ich sie am nächsten Tag, wenn ich anfangen will, sehe. Ich kann mich manchmal am nächsten Tag nicht einmal daran erinnern, sie geschrieben zu haben, finde sie aber sehr hilfreich.

Außerdem höre ich mitten im letzten Satz zu schreiben auf. Wenn ich am nächsten Tag fortsetze, muss ich den Satz vervollständigen. Das ist wie der Zündfunke in einen neuen Schreibfluss.

Na ja, nicht immer, aber oft. Probiere es aus.

Ideen zu notieren und der unvollständige Satz sind wirklich zwei große Hilfen, um wieder schnell in den Schreibfluss zu kommen.

TITEL IM TEICH

Für mich persönlich sind Titel wie Steine, die man in einen Teich wirft. Es bilden sich Kreise rundherum, die sich immer weiter ausbreiten, bis sie den Rand des Teichs berühren. Der Titel kann der Start für deine Geschichte sein.

In meinen Notizen gibt es eine eigene Kategorie: Titel. Gemeint sind damit die Titel einzelner Bücher, ganz egal, ob sie als Einzelroman erscheinen oder als Buch in einer Serie. Ich liebe es, mir Titel auszudenken.

Bei vielen Buchserien entstanden die einzelnen Bände erst lange, nachdem ich die Titel erfunden hatte. Die Titel sollten neugierig machen und meine Herausforderung bestand zuerst einmal darin, mich selbst neugierig zu machen.

Bei den Abenteuern von Tom Turbo konnte ich tief in die Kiste der absolut verrückt klingenden Titel greifen. So heißt der erste Band:

Der Wolf mit dem Goldzahn

Auf diesen Titel bin ich bis heute stolz. Wer die Geschichte liest, wird feststellen, dass das Rätsel, wie ein Wolf zu einem Goldzahn kommen kann, befriedigend und klar gelöst wird.

Der erfolgreichste Band in der Serie *Knickerbocker-Bande* hat den Titel *Das Phantom der Schule*. Angelehnt ist er an den Titel des Buches und des Musicals *Das Phantom der Oper*. Geheime Gänge in einer Schule, sprechende Fußballtore, eine Gestalt mit Maske und schwarzem Umhang, die durch die Gänge huscht – darüber wollte ich unbedingt schreiben.

Lachen muss ich selbst über Titel wie:

Der Peinliche-Eltern-weghex-Zauberspruch

Wer hat ihn sich in der Kindheit nicht gewünscht?

Oder

Zwei allerbeste Feindinnen

Das macht doch neugierig.

Als ich im Jahr 2019 meinen ersten Liebesroman schreiben wollte, hatte ich eine vage Grundidee in meinem Kopf, die aus meinem eigenen Leben stammte. Feuer bekam sie, als mir der Titel dazu eingefallen ist:

Liebesbrief an Unbekannt

Aus Verzweiflung, weil ich nach einer bösen Trennung jahrelang allein war, hatte ich begonnen, statt Tagebuch jeden Tag einen Brief an einen Partner zu schreiben, den es noch gar nicht gab. Mir hat diese Übung gutgetan, sie hat mich erleichtert und befreit. Außerdem stand der Gedanke dahinter, durch dieses Schreiben einen neuen Partner in mein Leben zu ziehen. Das ist tatsächlich passiert.

Für den Roman brachte mich der Titel zur nächsten Stufe, auf der man eine starke Geschichte finden muss. Die geht so: Eine junge Frau schreibt Liebesbriefe an einen noch unbekannten Mann, weil ihr eine Freundin von der Kraft der Anziehung erzählt hat.

Obwohl die Briefe in ihrer Schublade landen und diese versperrt ist, findet sie eines Tages Antworten darauf in ihrer Post.

Kaiserin Elisabeth von Österreich ermitteln zu lassen, ist durch einen puren Zufall entstanden. Mittlerweile habe ich drei Sisi-Krimis geschrieben und arbeite schon an Band vier und Band fünf.

Ich hatte eine Idee für einen Krimi, der Mitte des 19. Jahrhunderts spielt. Zuerst wollte ich über einen Krimi-Podcast schreiben und die Frauen, die ihn produzieren. Sie sollten den Fall lösen. Allerdings erschien es mir besser, wenn die Geschichte in der Zeit spielt, in der sich der Fall ereignet hat. Als ich Ideen wälzte, wer als Detektivin oder Detektiv eingesetzt werden könnte, ist Kaisern Elisabeth von Österreich aufgetaucht.

Eine vorerst verrückte Idee, die mittlerweile aber eine feine Fangemeinde gefunden hat.

Den ersten Titel hatte ich gefunden, bevor ich mit dem Schreiben begonnen habe.

Sisis schöne Leichen

In Wien ist der Ausdruck »A schene Leich« für ein gelungenes Begräbnis gebräuchlich. Als Titel für den ersten Fall von Kaiserin Elisabeth hat er definitiv neugierig gemacht.

Im Zuge der Recherchen habe ich von Historikerinnen erfahren, dass die Kaiserin eine Zeit lang Fotos schöner Frauen gesammelt hat. Schönheit war für sie ein weiter Begriff und so kam auch das Foto einer hundertjährigen Ureinwohnerin Amerikas in das Album.

Im Roman lasse ich sie Fotos von Verstorbenen sammeln. Im Wien der damaligen Zeit »Schöne Leichen« genannt. Diese Fotos waren Mitte des 19. Jahrhunderts groß in Mode. Die Fotografie wurde immer beliebter. Leisten konnten sich die meisten Menschen aber nur ein Bild zur Hochzeit oder das Foto eines Verstorbenen zur Erinnerung.

Sisis neue Sammelleidenschaft, die ich erfunden habe, führt sie zu ihrem ersten Fall.

Manchmal bekommt das Buch dann aber doch einen anderen Titel als zunächst geplant. Ich kann dir dafür ein Beispiel aus meinem eigenen Leben erzählen.

Besser als du denkst

So heißt eins meiner Bücher. Es ist eine Erzählung über die Zuversicht.

Der ursprüngliche Titel lautete:

Schön war's, soll dein letzter Gedanke sein

Ich mag ihn bis heute, auch wenn er ziemlich lang ist. Erzählen wollte ich, wie wir zu einem erfüllten Leben kommen können, damit unser letzter Gedanke einmal lautet: Schön war's!

Es ist die Geschichte von Nick, der meint, sein Leben wäre aussichtslos, und den fürchterlichsten aller Entschlüsse fasst: Er springt von einem Hochhaus.

Im Fallen wird ihm klar, welchen Fehler er begeht. Er will zurück, aber es ist zu spät. Mit einem Ruck bleibt er mitten im Fall stehen. Ein Wesen erscheint ihm und will wissen, wieso er sein Leben einfach wegwirft. Nick erzählt seine Geschichte und das Wesen nimmt ihn mit auf eine Reise durch Zeit und Raum.

Auf diese Weise erfährt Nick, wie viele Situationen und Ereignisse seines Lebens besser waren, als er dachte.

Der ursprüngliche Titel brachte mich auf die Geschichte. Doch sie nahm dann unerwartete Wendungen.

Der neue Titel

Besser als du denkst

passt zur endgültigen Geschichte besser. Außerdem ist er kurz und prägnant und gibt Zuversicht.

Der erste Titel, den du dir ausdenkst, ist also nicht in Stein gemeißelt. Wenn er seinen Zweck als Starthilfe zum Schreiben erfüllt hat, reicht das aus. Der bessere Titel ersetzt den guten.

Genauso wie die bessere Idee immer die gute Idee ersetzen soll.

Notizen

....

....

....

....

....

....

....

....

....

....

....

....

WIE DU DEIN PUBLIKUM VERÄRGERN KANNST

Erinnerst du dich an diese Erwachsenen aus deiner Kindheit, die unbedingt so tun wollten wie Teenager?

Diese Erwachsenen ...

o ... die Wörter verwendet haben, die vor zehn Jahren einmal angesagt waren, die aber jetzt niemand mehr benutzt.

o ... die diese Wörter ausgesprochen haben, als wären es Eiswürfel im Mund, die sie zum Schmelzen bringen müssten.

o ... die deine Bewegungen, deine Kleidung oder deine Sprache zu kopieren versucht haben, in der irrigen Annahme, sie würden dann »dazugehören«.

o ... die einfach nur peinlich waren.

Sei niemals ein solcher Erwachsener.

FÜR ein Publikum zu schreiben hat nichts damit zu tun, einem Publikum *NACHZURENNEN*.

Wirf dich deiner Leserschaft nie, nie, niemals an den Hals. Versuche nicht zu »erraten«, was sie wollen.

Du musst *FÜR DEIN* Publikum schreiben *WOLLEN*. Es muss dein Ziel und deine Leidenschaft sein, deine Leserschaft zu begeistern.

Schreibe nicht über ein Thema oder in einem Stil, nur weil sie sich gerade gut verkaufen. Du bist damit bestenfalls die Nummer zwei und Trends kommen und gehen heute schneller als Grippewellen.

Wird ein Buch zum Erfolg, so gibt es bald darauf zehn Nachahmer, sei es im Inhalt oder in der Gestaltung. Verlage springen gerne auf Trends auf.

Und zu deiner Überraschung will ich festhalten, dass ich nichts Schlechtes daran finde.

Verlage sind wirtschaftliche Unternehmen, die Gewinne schreiben müssen, weil sie sonst pleite gehen. Die Buchbranche ist schon schwierig genug und wenn auf diese Weise Geld zu verdienen ist, um starke Programme zu gestalten, sehe ich nichts Verbotenes oder Schlechtes darin.

Selbst wenn an dich als Autorin oder Autor vom Verlag das Ansinnen herangetragen wird, im Stil von Soundso oder eine Geschichte wie diese oder jene zu schreiben, ist das nichts Verwerfliches. Gefragt zu werden ist etwas anderes, als aus Erfolgssucht auf Trends aufzuspringen.

Lässt du dich auf das Verlagsangebot ein, geht die Welt auch nicht unter, denn wer schreibt, will auch Geld damit verdienen. Solche Nachahmungen können Erfahrungen werden, aus denen man lernt. Der Verlag kann sich dankbar zeigen und ein Werk von dir veröffentlichen, das vielleicht auf den ersten Blick nicht wie ein Topseller wirkt.

Mir ist ein Fall bekannt, da wollte ein Verlag besonders schlau sein und die perfekten Bücher für Kinder mit dem höchsten Erfolgsfaktor schaffen. Also startete er eine Umfrage, welches Genre bei Kindern besonders beliebt sei. Außerdem wurde abgetestet, welche Tiere am beliebtesten sind. Zum Schluss auch, welche Buchform. Das Ergebnis damals (ist schon eine Weile her):

- *o* lustige Geschichten
- *o* Hase und Hund
- *o* Comics

Die Schlussfolgerung: Lustige Geschichten mit einem Hasen und einem Hund in Comicform müssen der programmierte Bestseller bei Kindern sein.

Du kannst dir denken, was das Ergebnis war: ein Flop.

Selbst wenn du eine Künstliche Intelligenz beauftragst, einen Bestseller zu verfassen, kann sie nur auf bisherige Erfahrungen zurückgreifen. Vielleicht setzt sie die Wahrscheinlichkeitsrechnung ein, um eine Vorhersage für zukünftige Trends zu treffen. Aber der geniale Funke der Originalität ist noch immer stärker.

Egal, wie viele Bestseller du analysierst, die Wünsche des Publikums sind meist weder zu erahnen noch zu berechnen. Versuche es besser erst gar nicht. Schreib, was dir gefällt. Was du selbst lesen willst.

Wer hätte jemals gedacht, dass *Fifty Shades of Grey* ein Welthit wird und manche der Bände sich in den USA öfter verkaufen als einzelne *Harry-Potter*-Bände?

Die Autorin E. L. James hat ursprünglich Fan-Fiction der Buchserie *Twilight* in Internet-Foren geschrieben. Weil ihre Geschichten als pornografisch gesehen wurden, musste sie die Einträge löschen. Sie hat die Geschichte dann mit ihren eigenen Charakteren ausgestattet und später als E-Book veröffentlicht. Der Erfolg kam durch Mundpropaganda.

> ## Sei DU!
> Schreib, wie **DU** schreiben willst und kannst.

ABER ...

o   ... glaub nicht, du müsstest »gut« schreiben oder in geschraubten Schachtelsätzen, nur weil du meinst, dein Text müsse wie »hohe Literatur« klingen.

Wahre Bildung bedeutet, den Mut zu haben, sich auf eine Weise auszudrücken, die dir Freude macht und ...

o   ... die dir leichtfällt.
o   ... die aus dir fließt und die du nicht aus dir herausquetschen musst.

Das Wort Spaß ist überstrapaziert. Aber Spaß muss zum Schreiben dazugehören.
Schreib, was und wie *DU* schreiben möchtest.
Und wenn dein Werk trotzdem nicht ankommt?
Schade!
Weiterschreiben! Schließlich macht es dir Spaß!

WIE FANGE ICH AN?

Es gibt eine Redensart, die auf das Schreiben wie auf manch andere Anfänge sehr zutrifft.

Ich will dich warnen: Wenn du Witze, in denen auch ein bisschen Sex vorkommt, ablehnst und auch sonst keine Zweideutigkeiten magst, dann überlies die nächsten Zeilen.

Überlesen hier beginnen

Das Vorspiel nahm den Hengst so mit,
dass er erschöpft zu Boden glitt.

Überlesen hier beenden

Was mich an Büchern über das Schreiben oft genervt hat, waren diese endlosen Kapitel und Anleitungen mit Analysen über Charaktere, Motive, Hintergründe und und und und und und und …

Ich war erschöpft, wenn ich am Ende der gutgemeinten und durchaus brauchbaren Tipps angelangt war.

Ich finde, Schreiben hat mit Lust und Schaffensfreude zu tun. Der Kopf soll dafür nicht schwer sein, sondern leicht bleiben.

Wie schon erwähnt, lautet mein Motto: Ich kann alles überarbeiten und ändern, aber dazu muss es erst einmal schwarz auf weiß vor mir stehen. Auf dem Bildschirm oder einem Blatt Papier. Hauptsache ist, dass die Geschichte, die in meinem Hirn gewachsen ist, Realität wird und endlich aus sichtbaren Buchstaben, Wörtern und Sätzen besteht.

Deshalb schlage ich dir an dieser Stelle vor, die erste Seite deines zukünftigen Werks *JETZT* zu schreiben. Oder so bald wie irgendwie möglich.

Das ist eine große Herausforderung, denn die erste Seite zählt zu den schwierigsten Teilen eines Buches.

Hilfe!

Gleich das Schwierigste zu Beginn?

Ist das nicht eher ein Hemmnis als ein Kick?

Ja und nein.

Genauso verlockend, einladend und neugierig machend, wie die erste Seite für deine Leserschaft sein wird, soll sie das nun für dich selbst sein.

Worauf kommt es beim Anfang eines Buches an?

o Der erste Satz soll am besten schon aufmerksam und neugierig machen.
o Der erste Absatz soll wie eine Tür sein, die sich öffnet.
o Die erste Seite soll einen Strudel erzeugen, der hineinzieht.

Dieser Anfang ist vergleichbar mit einem offenen Maul, das Leserinnen und Leser verschlingt und auf die Reise durch das Gedärm der Geschichte schickt.

Nein, der letzte Vergleich ist ein wenig ekelig. Aber wenn die Seite ein Maul ist, das verschlingt, dann kommen normalerweise dahinter die Speiseröhre und der Magen.

Das streichen wir, das löschen wir.

Schreiben wir stattdessen: Die erste Seite ist wie ein offenes Maul, das lesende Menschen verschlingt, um sie elegant und in einem sanften Bogen direkt in das Wunderwerk deiner Geschichte zu ziehen.

Für mich ist der erste Satz ein wichtiger Start ins Buch. Wenn der Richtige auftaucht, dann spüre ich das sofort. Habe ich ihn einmal getippt, geht es los. Manchmal stockend und stotternd, aber immerhin passiert etwas. Mein Hirn gibt den Fingern Anweisung zu schreiben, die Kontrolle über die Geschichte aber übernimmt eine andere Kraft in mir, die nicht denkt, sondern entstehen lässt und erschafft. Es ist mir bis heute ein Rätsel, wie sie funktioniert. Ich will keine Sekunde darüber nachdenken, weil ich sie damit vielleicht störe. Hauptsache, diese Kraft wird geweckt und übernimmt.

Einige berühmte Anfänge der Weltliteratur:

Es war ein strahlender, kalter Tag im April
und die Uhren schlugen Dreizehn.

George Orwell: 1984

Alle Kinder, bis auf einen, werden erwachsen.

J. M. Barrie: Peter Pan

Falls Sie wirklich meine Geschichte hören
wollen, so möchten Sie wahrscheinlich vor
allem wissen, wo ich geboren wurde und wie ich
meine verflixte Kindheit verbrachte und was meine
Eltern taten, bevor sie mit mir beschäftigt waren,
und was es sonst noch an David
Copperfield-Zeug zu erzählen gäbe, aber
ich habe keine Lust, das alles zu erzählen.

John D. Salinger: Der Fänger im Roggen

Es war die beste und die schlimmste Zeit, ein
Jahrhundert der Weisheit und des Unsinns, eine
Epoche des Glaubens und des Unglaubens, eine
Periode des Lichts und der Finsternis:
Es war der Frühling der Hoffnung und der
Winter der Verzweiflung …

Charles Dickens: Eine Geschichte aus zwei Städten

Und hier ein paar Anfänge von mir:

Lieber Wer-immer-du-bist, hier schreibt
dir Emma, deine zukünftige Traumfrau, die
allerdings derzeit eine Albtraumfrau ist.

Liebesbrief an Unbekannt

Sein letzter Schritt war gesetzt. Nick raste in die
Tiefe. In seinem Kopf blitzte der schlimmste
Gedanke auf, der einem Menschen in diesem
Moment kommen konnte: Ich will zurück!

Besser als du denkst

Sie hatten keine Ahnung. Wie auch? Ihr
Schatten blieb immer gut verborgen. Aber Axel,
Lilo, Poppi und Dominik wurden beobachtet und
das aus gutem Grund.

Alte Geister ruhen unsanft –
Die Knickerbocker-Bande 20 Jahre später

»Ida, ich möchte schöne Leichen haben.«
Die Hofdame war die ausgefallenen Wünsche
von Kaiserin Elisabeth gewohnt. Doch dieser ließ
sie verzweifeln.

Sisis schöne Leichen –
Krimijahre einer Kaiserin

Alle diese Anfänge haben etwas gemeinsam: Sie sind ein Sprung in die Geschichte.

Der Grund, warum ich dir rate, schon einmal die erste Seite zu schreiben, ist die Möglichkeit, schneller und tiefer in deine eigene Geschichte einzutauchen.

Der Vergleich mit dem Sprungbrett im Schwimmbad ist vielleicht hilfreich.

Du kannst dort oben stehen und ins Wasser starren.

Oder du springst. Ob Kopfsprung oder Arschbombe ist völlig egal. Hauptsache, du tauchst ein.

Genauso soll es auch deiner Leserschaft gehen.

Natürlich kannst du schreiben:

Es war ein warmer Tag. Die Sonne schien und die Bienen summten von Blüte zu Blüte. Ein sanfter Windhauch strich über die Wiesen und bewegte die Halme.

Auf dem Hügel stand das gelbe Haus mit dem dunklen Dach, bei dem die Fensterläden noch geschlossen waren. Bald aber würden die Menschen, die dort wohnten, erwachen.

Am Vorabend hatte ein Fest stattgefunden, zu dem nur die obersten dreißig des Dorfes geladen waren. Feine Leute wollten unter sich sein. Es hatte Lachsschnittchen und Champagner gegeben …

Was aber hältst du von diesem Beginn:

Die Sonne hatte sich gerade erst hinter den Hügeln er-hoben, als eine Fliege auf der Schläfe des Toten landete. Sie krabbelte über das Blut, das noch nicht völlig ein-getrocknet war, hob dann wieder ab und flog zu einem Teller mit angebissenen Lachsschnittchen, der hinter dem Sofa auf dem Boden lag.

Das ist nur so eine Idee, die mir gekommen ist. Ein Bei-spiel für den »Sprung in die Geschichte«.

Zu deiner Beruhigung, falls du meinst, jeder Anfang, jeder erste Satz, jede erste Seite, müsse perfekt sein:

Die Wichtigkeit der ersten Sätze, Zeilen und Seiten ist mir von Anfang an bewusst gewesen. Ich meine auch immer mein Bestes gegeben zu haben. Wenn ich die Bü-cher dann mit Abstand einiger Jahre anlese, so bin ich selten zufrieden.

Das liegt zum Teil daran, dass ich dazugelernt und mehr Erfahrung habe. Es gibt auch Ideen, die im ersten Moment großartig erscheinen, es auf lange Sicht aber nicht sind.

Das möchte ich dir zur Entspannung sagen, damit du dich beim Schreiben nicht verkrampfst.

Hab Spaß mit der ersten Seite. Stelle keine Ansprüche auf Perfektion. Du wirst länger an deinem Roman arbeiten. Wenn du mit der ersten Fassung fertig bist, beginnt ohnehin das große Überarbeiten und das fängt auf Seite eins an.

Es ist durchaus möglich, dass du deine erste Seite liest und denkst: He, das hast du richtig großartig gemacht. Ich lasse jedes Wort, so wie es ist.

Bist du nicht zufrieden, fällt dir bestimmt etwas Besseres ein.

Die erste Seite ist wie eine Tür in deine Geschichte, für deine Leserschaft und für dich selbst.

Deine erste Seite

Kapitel (Nummer oder Überschrift)

Der erste Satz soll auch dich neugierig auf deine Geschichte machen.

Gut ist alles, was verwundert oder sofort eine Frage aufwirft.

Der erste Absatz

Wo tut sich etwas Spannendes, das ein kleiner Vorgeschmack auf die restliche Geschichte sein kann?

In feinen Restaurants wird immer zu Beginn ein »Gruß aus der Küche« serviert. Das ist ein kleines Häppchen, raffiniert zubereitet, das ahnen lässt, welche Köstlichkeiten in sieben Gängen folgen werden.

So soll dein erster Absatz sein.

Deine erste Seite

Schreib los. Was ist die erste Szene? Wo spielt sie? Wer ist/sind die Hauptperson/en?

Was macht neugierig?

FAHRPLÄNE FÜRS SCHREIBEN

Wie fängt man den Arbeitsprozess an einem Roman, einer Geschichte, an einem Buch *richtig* an?

Gleich vorweg: Ich weiß es nicht.

Es gibt kein Richtig oder Falsch, finde ich. Die Frage lautet vielmehr: Welche Technik hilft dir und bringt dich am besten voran?

Bei meiner persönlichen Technik bekommen Leute, die kreatives Schreiben unterrichten, wahrscheinlich einen allergischen Ausschlag.

Wie gesagt: Meine Vorgehensweise steht ziemlich im Gegensatz zu dem, was viele Leute und Kurse behaupten. Ich schildere sie gleich, zuerst aber einige Möglichkeiten zur Vorbereitung auf das Schreiben, von denen ich mehrere ausprobiert und einige mehrfach angewandt habe.

Die Inhaltsangabe oder Outline

Nehmen wir an, du willst einen Roman schreiben. Setz dich hin und schreibe eine Inhaltsangabe. Sie kann zwei Seiten lang sein, aber auch detailreich und genau ausgeführt werden und eine Länge von zwanzig oder dreißig Seiten haben.

Der Vorteil: Du bekommst einen Überblick über deine Geschichte. Beim Schreiben kann dir Neues einfallen, auf das du vorher noch gar nicht gekommen bist. Du kannst aber auch bemerken, dass dir ab der Mitte nichts mehr einfällt. Entweder ist die Grundidee zu schwach, reizt dich zu wenig oder du musst einfach mehr Material sammeln und die ganze Sache in dir reifen lassen.

Zehn Seiten Inhaltsangabe in der Schublade verschwinden zu lassen, ist nicht so schmerzhaft wie hundert Buchseiten.

Beim Schreiben einer solchen Inhaltsangabe können dir auch viele Fragen über die Charaktere kommen, die du später klären willst. Du kannst eine Liste anlegen mit allen Themen, die es zu bearbeiten gilt, weil du dich noch nicht genug in der Welt deiner Geschichte auskennst.

Wenn du noch nie ein längeres Buch geschrieben hast, kann die Inhaltsangabe ein guter Einstieg sein, sozusagen der Probelauf.

Die ausführliche Outline

Ein Roman wird auf diese Weise zu einer Kurzgeschichte. Vielleicht stellst du dabei fest, dass deine Idee als solche besser funktioniert und keine 250 Buchseiten füllen wird.

Der Vorteil: Hurra, du hast eine Kurzgeschichte geschrieben. Stell dir vor, du hättest fünf Monate an einem Roman gearbeitet und erst dann bemerkt, dass der Inhalt nicht genug hergibt. Du hattest viel Arbeit und am Ende bleibt der Frust.

Eine ausführliche Inhaltsangabe ist eine Menge Arbeit. Wenn du zu den Menschen gehörst, die gerne genau planen, dann liegt dir diese Vorgehensweise sicherlich. Wenn du zur Gruppe der Intuitiven, Spontanen zählst, kannst du beim Schreiben in den Flow kommen.

Allerdings kannst du dich auch am Ende ärgern, weil du so viel Mühe in etwas gesteckt hast, das doch kein fertiges Buch ist. Nach der Inhaltsangabe musst du wieder von vorn anfangen und auf Seite eins mit dem Schreiben beginnen.

Die Kapitel-Outline

Auf diese Technik schwört der amerikanische Autor James Patterson. Seine Kriminalromane erfreuen sich enormer Beliebtheit und er galt immer schon als »Vielschreiber«. Er wird als einer der erfolgreichsten Autoren der Gegenwart bezeichnet und bringt sechs und mehr Bücher im Jahr heraus, für Erwachsene und auch für Kinder.

Mittlerweile schreibt er mit sieben Co-Autoren, die eine Inhaltsangabe des Buches bekommen, die schon in Kapitel eingeteilt ist. Sie arbeiten die Szenen dann aus, entwickeln die Personen und schreiben die Bücher. Einige verfasst James Patterson nach wie vor selbst. Aber auch dafür hat er immer eine Kapitel-Inhaltsangabe.

Sie funktioniert wie eine Inhaltsangabe, aber enthält bereits die einzelnen Kapitel. Bei James Patterson sind Kapitel kurz und ein Buch verfügt über hundert und mehr. Sein Stil ist sehr dicht, die Spannung immer groß.

Diese Technik hat viele angenehme Seiten: Du baust deine Geschichte aus vielen Teilen auf. Dabei kannst du bereits darauf achten, dass jedes Kapitel genug Handlung besitzt, Spannung und interessante Momente.

Schreiben ist ein wenig wie Kochen (ich kann es nicht, habe es aber einige Male versucht und bin ein ausgezeichneter Zuseher, wenn andere kochen).

Die Geschichte braucht Zutaten, die im richtigen Maß und ausgewogen eingesetzt werden sollen. Du kannst Schreiben auch mit Komponieren vergleichen. Jedes Musikstück hat verschiedene Teile, die Kontraste bilden und dadurch erst zu einem Ganzen werden. In einem Musical wechseln starke, dynamische Songs mit ruhigeren Nummern ab. Wären alle Songs im selben Stil, wäre das langweilig.

Eine Kapitel-Inhaltsangabe ist sehr hilfreich beim Komponieren des Rhythmus einer Geschichte. Du kannst den Kapiteln einen guten Wechsel von Spannung und Entspannung oder von Action und Romantik geben. Nachdem du die Hauptperson durch die schlimmsten Gefahren gehetzt hast, brauchen alle – Figuren und Leser – eine kurze Pause. Das ist wie das Anlaufnehmen zu einem neuen Sprint.

In jeder romantischen Geschichte ist der Bogen der Beziehung wichtig. Das Einander-Finden, das Kennenlernen, das Verbinden, die Höhepunkte und die Gefahren, die ein Paar wieder trennen können.

Geschichten sind wie Patchwork-Decken, wie ein Quilt: zusammengenäht aus den unterschiedlichsten Flicken, die am Ende ein schönes Muster ergeben.

Ob dieses Muster stimmt und funktioniert, kannst du mithilfe des Chapter-Treatments, also der Kapitel-Inhaltsangabe, gut überprüfen. Du hast dann die Möglichkeit, Kapitel zu verschieben. Oft kann der Tausch zweier Szenen einen großen Unterschied bringen.

Eine Kapitel-Inhaltsangabe zu verfassen ist schon sehr nahe am Schreiben deines Manuskripts. Der Vorteil besteht darin, dass du schnell und einfach etwas ändern kannst.

In Kürze, wie angekündigt, meine Methode, die im Gegensatz zu allem steht, was ich gerade aufgelistet habe, die aber andere Autoren auch nutzen. Davon bin ich überzeugt.

Ich möchte sie dir mit einer Anekdote über ein Fernsehprojekt zeigen, an dem ich gearbeitet habe.

Ich sollte die Drehbücher zur Verfilmung einer Buchserie von mir schreiben. Es gab mehrere Sender, die gemeinsam produzieren wollten.

Die Redakteure und Redakteurinnen wollten von mir erst eine kurze Inhaltsangabe aller 13 Folgen, danach Bilder-Treatments. Bilder-Treatments sind genau wie eine Kapitel-Outline, statt Kapitel geht es aber um Szenen an den verschiedenen Schauplätzen. Egal, für welches Medium, diese Formen der Outline sind ähnlich.

Mein Problem: Ich bin nicht gut in Kapitel-Outlines oder Bilder-Treatments. Mein Schreibprozess ist ein anderer. Ich muss schreiben, damit die Geschichte zu leben beginnt, und um zu fühlen, ob eine Szene funktioniert oder nicht.

Zuerst habe ich mich abgemüht, um ein Bilder-Treatment zu schaffen. Das erste Treatment wurde von den beteiligten Sendern als zu schwach bewertet und abgelehnt.

Wütend darüber habe ich mich hingesetzt und das ganze Drehbuch geschrieben. Ich wusste, dass es wesentlich besser funktionierte als das Treatment. Mein Eindruck stimmte, auch der Produzent, ein sehr erfahrener Fernsehmacher, war von dem Drehbuch angetan.

Allerdings war uns beiden bewusst, dass wir das fertige Drehbuch nicht einfach an die Redaktion weitergeben konnten. Es wäre von ihnen aus Prinzip abgelehnt worden, weil sie sich übergangen gefühlt hätten.

Der Produzent hatte die Idee, meine erste Drehbuchfassung von einer Mitarbeiterin als Bilder-Treatment zusammenfassen zu lassen. Wir haben also rückwärts gearbeitet. Diesmal hat das Treatment den Sendern bedeutend besser gefallen. Nach einigen Diskussionen konnten wir uns auf eine Endfassung einigen, die ich als Drehbuch umsetzen sollte. Das aber war nicht mehr nötig, weil es schon vorlag. Ich habe nur alle Änderungswünsche aus dem Treatment eingearbeitet.

Ich habe Verständnis für die Wünsche zur Vorgehensweise in der Drehbuchentwicklung, nur funktioniert meine Kreativmaschine im Kopf eben anders. Die Redaktionen trifft keine »Schuld«.

Du solltest dich bei der Planung jedoch auf dein eigenes Gefühl verlassen. Niemand weiß besser als du, wie du deine Geschichte organisieren sollst – mit einer Inhaltsangabe, einer Kapitel-Outline oder indem du direkt mit dem Schreiben beginnst. Wie immer gilt: Probieren geht über Studieren.

WIE BEREITE ICH DEN INHALT FÜR EIN NEUES BUCH VOR?

Einiges habe ich schon beschrieben:

Ich brauche den Titel. Ohne den tue ich mir schwer. Selbst wenn er später noch adaptiert wird, ohne einen Titel zu beginnen, wäre für mich, als müsste ich ohne Taucherbrille und Flossen zehn Meter tief tauchen.

Zweitens benötige ich die Inhaltsbeschreibung in drei Sätzen, die Grundidee also.

Titel und Grundidee wirken wie Neodym-Magnete. Das sind diese superstarken Magnete, die man von Metallflächen fast nicht mehr runterbekommt, wenn sie dort einmal angedockt haben.

Meine Geschichten-Neodym-Magnete ziehen Ideen an und wirken wachstumsfördernd auf die Geschichte.

In den Wochen, bevor ich mit dem Schreiben beginne, lasse ich sie in meinem Kopf wachsen und sich entwickeln. Ohne viel darüber nachzudenken. So tauchen erste Sätze und der Inhalt des ersten Kapitels auf.

Wichtig ist für mich, das Ende zu kennen. Besonders bei Kriminalromanen. Als Krimi-Autor muss ich der raffinierte Täter und der clevere Ermittler zur selben Zeit sein.

Wenn es Dinge zu recherchieren gibt, wie beispielsweise bei den Sisi-Krimis die Stimmung der Zeit, die Angewohnheiten der Kaiserin, ihren Tagesablauf, Beschreibungen von Menschen aus ihrem Umfeld und so weiter, dann bringe ich davon so viel wie möglich durch Lesen oder Gespräche mit Expertinnen und Experten in Erfahrung. Alle Informationen sind wie Dünger für den Wachstumsprozess des Romans.

Spielt die Geschichte in einer anderen Umgebung, einem anderen Land oder auf einem anderen Erdteil, dann beziehe ich meine Informationen entweder von einer Reise oder aus Berichten, Beschreibungen und Videos.

Bei Krimis für Erwachsene will ich die Mordmethode wissen, bevor ich anfange. Bei Krimis für Kinder muss ich eine logische Auflösung am Ende des Buches für die rätselhaftesten Vorfälle zu Beginn kennen. Eine solche Lösung ist der große Überraschungs- und Aha-Effekt.

Wie ich die Hauptpersonen gestalte oder wo ich Vorbilder finde, erkläre ich später.

Ich schreibe im Normalfall weder Outline noch Kapitel-Outline.

Meine Methode heißt: Alles in Erfahrung bringen, was mir nützlich sein kann, dann mit dem Schreiben anfangen und die Geschichte sich entwickeln lassen.

Mir fällt der Großteil des Inhalts während des Schreibens ein. Dabei können auch völlig unerwartete Ereignisse und Personen auftauchen. Es gibt auf einmal Wendungen, mit denen ich im Vorhinein nie gerechnet hätte.

Einmal habe ich mitten in einem Krimi den Täter verändert. Klingt verrückt oder nach einer schwachen Grundgeschichte, in der es egal ist, wer gemordet hat. Beides hat nicht zugetroffen. Der neue Täter hatte sehr ähnliche Motive und Möglichkeiten, sein Auftreten, seine Art und seine Aussagen aber waren nicht nur unverdächtig, sondern haben ihn sympathisch gemacht. Ich hatte viel Spaß daran, meine Leserinnen und Leser immer näher an jemanden zu bringen, der sich auf den letzten zwanzig Seiten als Mörder entpuppte. Für sein Motiv konnte man Verständnis haben und auch die Schuldfrage oder die Frage nach Bestrafung konnten nicht eindeutig beantwortet werden.

Der »neue« Fall war eindeutig besser als der Fall, den ich ursprünglich verfolgt hatte. Die Enthüllung am Ende wirkte wesentlich überraschender.

Vom englischen Krimi-Autor Edgar Wallace wird erzählt, er habe die meisten seiner Bücher einem Sekretär diktiert. Ungefähr in der Mitte der Geschichte hat er ihn raten lassen, wer der Täter oder die Täterin sein könnte. Hat der Sekretär richtig getippt, soll Mr Wallace sofort eine andere Person der Geschichte für diese Rolle gewählt haben. Die Enden seiner Bücher sind bei ihm manchmal sehr erstaunlich und die Begründungen für die Taten könnte man als etwas weit hergeholt bezeichnen. Seiner großen Leserschaft hat das wenig ausgemacht.

Von Mr Wallace wird auch erzählt, er habe vor dem Schreiben seines ersten Romans *Die vier Gerechten* einen Pappaufsteller anfertigen lassen. Diesen Aufsteller hat er in eine bekannte Buchhandlung in London gebracht und gebeten, ihn an einer prominenten Stelle platzieren zu dürfen.

Zwei Wochen später kam er wieder und hat sich bei den Angestellten der Buchhandlung erkundigt, wie viele Kundinnen und Kunden nach dem Buch gefragt hätten. Die Antwort war sehr befriedigend, denn die Ankündigungen auf dem Aufsteller waren auf reges Interesse gestoßen. Das Personal der Buchhandlung war jedoch ratlos, weil das Buch nirgendwo bestellbar war.

Wenige Monate später erschien es gedruckt und gebunden in den Buchhandlungen und wurde zum Erfolg.

Meine Methode des Drauflosschreibens birgt alle Gefahren, die das Schreiben so hat:

- Ich habe mich schon einmal in einer Geschichte »verirrt« und musste eine Menge löschen und neuschreiben.
- Ich habe erkannt, dass die Geschichte nicht stark genug ist.
- Ich habe Fehler in der Dramaturgie gemacht, die nicht mir, aber sehr wohl dem Lektorat aufgefallen sind und die ein starkes Umschreiben nötig gemacht haben.

Bei meinem ersten Liebesroman hat mir der Verleger zur ersten Fassung geschrieben: Das erste Drittel ist genial, das letzte Viertel hat alles, was ein guter Liebesroman braucht. Dazwischen aber (das war knapp die Hälfte) wird der Mann, um den es geht, zu einer Heulsuse, schwach und unsympathisch. Also ging es zurück an den Schreibtisch und ich habe gut 180 Seiten neu geschrieben.

Immer wieder werde ich gegen Ende eines Buches zu schnell. Ich bin dann wie das Rennpferd vor dem Ziel, das nur noch über die Ziellinie kommen will und blindlings rennt.

So ein Ende ist aber für alle, die es lesen, unbefriedigend. Es werden Spannungsmomente nicht genützt, es bleiben Fragen offen.

In einer Kapitel-Outline kann dem vorgebeugt werden. Das Ende ist gut geplant und rund.

Bei meiner Methode heißt es »nachschreiben«, ändern, löschen und ein wenig genieren, dass mir das wieder einmal passiert ist.

Trotzdem bleibt meine Methode für mich persönlich die beste. Vor allem überrasche ich mich selbst des Öfteren. So manche Wendung, so manche Möglichkeit, so manche Person kommt unerwartet und erfrischt mich. Das Schreiben macht mir so viel mehr Freude.

DER FUNKE

Während der Arbeit am vorangegangenen Kapitel ist mir etwas bewusst geworden, das ich dir unbedingt sagen möchte:

Vieles, was ich tue, und wie ich es tue, hat natürlich auch damit zu tun, dass ich seit vierzig Jahren schreibe. Zuerst schrieb ich für das Fernsehen und für das Radio. Mit 26 Jahren habe ich mein erstes Buch geschrieben und weggeworfen. Es hat mir nicht gefallen.

Damals hatte ich aber einem Verlag bereits zehn Bücher per Vertrag zugesagt. Es waren die ersten zehn Bände der *Knickerbocker-Bande* und der Abgabetermin für das erste Buch war bereits überzogen.

Also habe ich mich wieder hingesetzt und das Buch erneut geschrieben. Diesmal hat es viel besser geklappt. Der Verlag war angetan und ich habe bald darauf mit Fall Nummer zwei begonnen.

Im Laufe der vielen Jahre habe ich jede Menge Erfahrungen und Beobachtungen gesammelt. Damals wie heute notiere ich Personen, die mir irgendwo begegnen und die ich stark und einprägsam finde.

In meinem Gedächtnis habe ich mittlerweile ein Museum der Charaktere und gleich anschließend eine Werkstatt wie Dr. Frankenstein. Daran angeschlossen befindet sich ein gut sortiertes Lager mit jeder Menge Versatzstücke für neue Charaktere, die Aussehen, Auftreten und Angewohnheiten betreffen. In meiner Frankenstein-Werkstatt kann ich immer neue Personen »bauen«.

Das mag etwas technisch klingen, ist es aber nicht. Wenn ich eine Ahnung habe, wie die Person in der Geschichte sein soll, muss ich nur ein oder zwei Teile auf den Tisch der Werkstatt legen. Die anderen kommen wie von allein.

Meine Sammlungen an Personen und Schauplätzen erweitere ich jeden Tag auf viele unterschiedliche Weisen. Was ich sehe, egal ob real oder in einem Posting oder einer Serie, schreibe ich auf oder speichere ich gedanklich ab.

Was ich damit sagen will: Einiges beim Schreiben ist für mich selbstverständlich und ich muss nicht mehr viel darüber nachdenken. Wenn du am Anfang stehst, sind das Fähigkeiten, Bilder und Beobachtungen, die du dir erwerben sollst. Die Tricks dazu beschreibe ich, denn dieses Buch ist für mich wie eine Zeitreise in die Vergangenheit und zu meiner persönlichen Entwicklung.

Obwohl ich dich nicht kenne, rede ich zu dir wie zu einem Menschen, der schon eine Weile schreibt. Das hat einen Grund:

Es ist meine Überzeugung, dass ein Mensch, der gerne schreiben möchte, nicht wie ein Kleinstkind behandelt werden sollte, das erst einmal die ersten Schritte lernen muss.

Wer schreiben will, der hat einen Funken in sich, den es zu entfachen gilt. Deine natürliche Fähigkeit ist auf irgendeine Art und Weise vorhanden und ich möchte dich darin bestärken und unterstützen, damit zu experimentieren.

Wie schon früher angemerkt: Wer schreibt, sollte keinen zu vollen und zu schweren Kopf haben.

Bei Menschen, die schreiben wollen, weil sie meinen, man könne damit reich und berühmt werden, habe ich diesen Funken niemals glühen gesehen.

Neugier, Freude, Begeisterung und der Wille zur Leistung sind Grundlagen, ohne die du nicht weiterkommen wirst.

Notizen

Mein Werkzeugkasten beim Schreiben

Werkzeug für spannende Personen
Die gute Schraube für die Bösen und
die böse Schraube für die Guten
Der Fingerklopfer beim Beschreiben
Erste Hilfe bei Schreibblockaden
Die Box der Hindernisse
Wurstschneider
Der Zweifel-Stopper
Maßband für das beste Ende

STARKE PERSONEN

Kann man starke Charaktere erfinden?

Durchaus.

Kann man Anleihen bei lebenden Personen nehmen?

Durchaus.

Soll man nur echte Menschen beschreiben?

Ist möglich, aber nicht zwingend nötig.

Was kommt besser in Romanen: erfundene Menschen oder Personen, die leben oder gelebt haben?

Beides gut. Aber pass auf. Wenn sich Menschen aus deinem Umfeld im Buch erkennen und du sie als Widerlinge oder Verbrecher verwendest, kann dich das Freundschaften kosten.

Grundsätzlich halte ich es für egal, ob du deine Figuren erfindest oder reale Vorbilder verwendest. Was zählt sind

- *Nummer 1:* die Glaubwürdigkeit
- *Nummer 2:* wie gut du mit ihnen vertraut bist
- *Nummer 3:* was sie besonders macht

Falls du als Kind die Abenteuer der Knickerbocker-Bande gelesen hast, kennst du die vier Mitglieder: Lilo, Axel, Poppi und Dominik.

Ihre Entstehungsgeschichte ist durchaus exemplarisch für viele Charaktere, ganz egal, in welchem Buchgenre.

Fangen wir an mit Lieselotte, genannt Lilo:

Lilo wird als das Superhirn der Bande bezeichnet, lebt in Tirol, ist Tochter eines Bergführers und Skilehrers, hat eine Vorliebe für das Lösen von Rätseln, ist manchmal nachdenklich, aber patent und ein Kumpel-Typ.

Wie habe ich sie erfunden?

Beim Ausdenken der Bande war mir etwas klar: Ich will ein Mädchen als Oberhaupt haben und nicht wieder einen Jungen. Damals galt in der Verlagsbranche das ungeschriebene Gesetz, dass Jungen wesentlich mehr zu Helden taugen als Mädchen. Mädchen sind bereit, Jungen in der Hauptrolle zu akzeptieren, Jungen im umgekehrten Fall nicht.

Als ich mit der Idee kam, Lilo an die Spitze zu stellen, haben mir einige einen Flop prophezeit.

Dreißig Jahre später erzählen mir viele Frauen, wie wichtig Lilo für sie als Rolemodel war. Die Serie ist auf fast hundert Bände angewachsen und in zahlreichen Sprachen erschienen. Viele haben die Bücher aus Liebe und Begeisterung aufgehoben und geben sie nun ihren eigenen Kindern weiter.

In den ersten Jahren hat die Knickerbocker-Bande oft verschiedene Plätze der Top 10 der Kinderbuch-Bestsellerliste belegt und bis heute hat sich kein Junge bei mir über Lilo beschwert.

Lilo hat mehrere lebende Vorbilder. Es handelt sich bei ihnen um selbstbewusste, sportliche Mädchen aus meinem Freundeskreis. Ihren Namen hat sie von einer Wahltante, die ich sehr mochte, und ihr Wohnort ist

Kitzbühel, weil ich dort als Kind Winter- und Sommer-urlaube verbracht habe. Ich kenne mich also aus.

Bei **Dominik** ist es ganz anders. Er hat ein sehr lebendi-ges Vorbild, nämlich den Sohn von Freunden. In den Bü-chern spielt Dominik am Theater, genau wie sein reales Vorbild, das auch mit neun Jahren schon sehr erwachsen und manchmal etwas kompliziert gesprochen hat.

Poppi und Axel haben beide etwas von mir: Poppi die Liebe zu Tieren. Axel ist in der Schule aufgrund seiner Größe ein Außenseiter, der sich behaupten muss. Ich war zwar nicht klein, habe aber wegen meines Interesses für Puppentheater und Kindergeschichten nie zu den Coolen gehört.

Poppi ist der Name eines Mädchens aus Griechenland, das ich in England auf der Sommerschule kennenge-lernt hatte. Axel war ein Junge aus der Nachbarschaft, der auch ein Problem mit seiner Größe hatte.

Sehr bewusst schildere ich Poppi als ängstlich und schüchtern, um Leserinnen und Lesern, die sich ähnlich fühlen, das Gefühl zu geben, nicht allein zu sein.

Axel ist der Draufgänger, der es allen zeigen will und dabei öfters über das Ziel schießt. Er hat sich zur Sports-kanone entwickelt und Wettbewerbe gewonnen, meint aber noch immer, sich beweisen und andere beeindru-cken zu müssen.

Vier Kinder oder fast Teenager, die alle nicht perfekt sind und in denen sich die Leserschaft wiederfinden sollte. Sie haben ihre Stärken und Schwächen und immer wieder auch Streit. Trotzdem verbindet sie eine starke Freundschaft und die Lust am Lösen unerklärbarer Ereignisse.

Ich kannte die Geschichte der vier von Anfang an. Ich wusste, was sie seit frühesten Kindheitstagen schon erlebt hatten und wieso sie handelten, wie sie es taten. Man nennt das Backstory, wie ich heute weiß. Bei den Mitgliedern der Knickerbocker-Bande ist die Backstory aufgrund ihres Alters nicht lang. Erwachsene Figuren, denen schon viel mehr um die Ohren geflogen ist, haben nicht nur eine längere, sondern auch eine kompliziertere Backstory. So wie wir selbst.

Wieso wird eine Figur, wie sie ist? Warum spricht oder agiert er oder sie auf eine bestimmte Weise?

Es gibt viele Arten der Analyse. Ich persönlich finde es spannender und hilfreicher, mir eine Geschichte für die Figur auszudenken. Wie war ihre Kindheit? Die Teenagerzeit? In welcher Familie ist sie aufgewachsen? Welches Verhältnis hatte die Person zu anderen in der Schule? Welcher Weg wurde danach eingeschlagen? Gab es Verletzungen? Wie funktioniert es mit Liebe und Beziehung? Was sind die großen Wünsche? Haben sie sich im Laufe der Jahre stark verändert oder ist der größte Wunsch seit Kindheitstagen gleichgeblieben?

Was hat die Figur schon erlebt, bevor die Geschichte begann?

Es ist, finde ich, nicht nötig, wochenlang darüber zu grübeln. Fürs Erste genügen einige Sätze, wie ein kurzer Lebenslauf. Während des Schreibens zeigen sich oft von allein weitere Charakterzüge und die Geschichten dazu tauchen ebenfalls auf.

Eine wichtige Lektion beim Schreiben der Knickerbocker-Bande waren die vielen Fragen ihrer Fans.

Als die Popularität der Buchserie wuchs, kam eine Flut von Zuschriften mit vielen Fragen zu den vier Freunden.

Welches Sternzeichen sind sie?

Was sind ihre Lieblingsspeisen?

Welches Fach in der Schule mögen sie, welches hassen sie?

Welche Musik hören sie und welche Filme und Serien schauen sie?

Welche Kleidung bevorzugen sie und wie sehen ihre Zimmer aus?

Ich habe detaillierte Steckbriefe über die vier angelegt, damit ich die Fragen immer gleich und richtig beantworte. Diese Steckbriefe haben mir die Bande noch vertrauter gemacht und die Persönlichkeit der Figuren verstärkt, was ich beim Schreiben gespürt habe.

Stark wird ein Charakter also, wenn du die Person in- und auswendig kennst und beschreiben kannst.

Äußerlichkeiten sind nicht zu verachten, aber bei Weitem nicht das Wichtigste.

Was zählt, sind alle Details, die die Persönlichkeit der Figur darstellen und ihre Geschichte.

Ein Steckbrief ist behilflich:

o Name
o Alter
o Größe
o Gewicht
o Sternzeichen
o Familienstand
o Wohnt wie und wo?
o Lieblingsspeise, Lieblingsgetränk
o Traumberuf, tatsächlicher Beruf
o Musikgeschmack
o Vorlieben bei Filmen und Serien
o Kleidung
o Schulbildung
o Lieblingsfach
o Als Freund/Freundin beliebt?
o Wie verlief die Kindheit?

Je besser du die Person auf diese Weise kennenlernst, desto leichter wirst du sie in deiner Geschichte agieren lassen können.

Wiederholen will ich aber, dass dich ein solcher Steckbrief nicht stressen soll. Wenn du einige Positionen vor Schreibbeginn ausfüllen kannst, ist das gut. Im Laufe der Arbeit an der Geschichte werden sich ganz von allein mehr Details ergeben.

Noch ein paar Tipps:

Wenn du eine sympathische Figur erschaffen willst, kannst du selbstverständlich Anleihen an der Wirklichkeit nehmen.

Nützlich ist dazu eine Aufstellung aller Menschen, die du magst, mit der Begründung, wieso du sie magst. Was sie liebenswert macht. Welche Angewohnheiten sie haben. So erhältst du eine Sammlung an Details und Eigenschaften, die du einsetzen kannst.

Das Gleiche gilt für Gegenspieler. Es kommt mir manchmal vor, es ist viel einfacher, gute Vorlagen für die Verkörperung des Bösen und Negativen zu finden als für sympathische Charaktere. Ein Blick in die Schlagzeilen genügt, bei Interviews mit Menschen aus der Politik kommt mir oft das Gruseln. Auch im Alltag begegnen uns zahlreiche Menschen, deren Verhalten ätzend, verletzend, zerstörerisch, missgünstig, widerlich oder gar verbrecherisch ist, oder alles zusammen.

Figuren in meinen Romanen und Krimis für Erwachsene setzen sich in meinem Kopf manchmal Stück für Stück zusammen. Ein Beispiel ist Ida, die Hofdame von Kaiserin Elisabeth, die bei den Ermittlungen eine wichtige Rolle spielt.

Angeregt ist die Figur durch eine Hofdame, die es wirklich gegeben hat. Wie im Buch war sie eine der wenigen, die Kaiserin Elisabeth dutzen durfte.

Die Kleidung der Zeit um 1860 habe ich mir auf Zeichnungen und alten Fotos angesehen. Außerdem habe ich einiges über das Ankleideprozedere von Sisi recherchiert und dabei die Kleidung der Zeit näher kennengelernt.

Hofdamen durften nicht heiraten, solange sie im Dienst der Kaiserin standen.

Elisabeth bevorzugte Hofdamen aus Ungarn, da sie sich diesem Teil der Monarchie sehr verbunden fühlte.

Nach und nach tauchte Idas Lebensgeschichte vor meinen Augen auf: Sie war auf dem großen Gut ihrer Eltern aufgewachsen, ein selbstständiges Mädchen, das seine Zeit gerne bei der Köchin verbrachte, da die Eltern selten anwesend waren und ihr die Gouvernanten auf die Nerven gingen.

Die Köchin hatte eine große Vorliebe für Romane, die in der Zeitung in Fortsetzungen abgedruckt wurden. Sie steckte Ida mit dieser Begeisterung an und las ihr die neuesten Kapitel vor.

Später findet Ida in Romanen einen Ort, in den sie sich in ihrer Freizeit gerne zurückzieht. Dort findet sie die Liebe, die ihr im Leben verwehrt blieb.

Von Expertinnen und aus verschiedenen Büchern habe ich erfahren, wie Hofdamen in den Nebengebäuden von Schloss Schönbrunn oder in der Hofburg lebten. Ich bekam einen Eindruck der kleinen Wohnung, die aus zwei Zimmern bestand. Sogar die Möbel habe ich vor mir gesehen.

Ida sonnt sich in der Verbundenheit der Kaiserin und ist eine höchst loyale und treue Dienerin, die die Grenzen der Verbindung zwischen ihr und Elisabeth einzuhalten weiß.

Der Liebesroman *Liebesbrief an Unbekannt* spielt in Brighton in Südengland. In dieser Küstenstadt habe ich selbst gelebt und dabei nicht nur die Örtlichkeit, sondern die Menschen kennengelernt, die dort wohnen.

Brighton ist eine echte Regenbogenstadt, in der wirklich jeder Mensch so leben und so aussehen kann, wie dieser Mensch will.

Immer wieder bin ich auf der Straße einem bärtigen älteren Mann begegnet, der mädchenhafte weiße Sommerkleider trug. Ich gebe zu, ich war anfangs überrascht und habe sicherlich ein wenig gestarrt.

Als ich Besuch aus Österreich hatte, haben mein Gast und ich den Mann im weißen Kleid in einem Restaurant gesehen. Er trug an diesem Tag eine blonde Perücke.

Mein Gast: Was ist das denn für ein Christkind?

Die Frage war nicht herablassend oder verächtlich gemeint, sondern kam aus ehrlichem Erstaunen über die Selbstverständlichkeit des Mannes.

Später hat mir eine Freundin aus Brighton mehr über den Mann im Kleid erzählt: Er war glücklich verheiratet. Seine Frau war drei Köpfe größer als er und sicherlich doppelt so schwer und liebte enge schwarze Kleidung. Die beiden waren ein starkes Paar.

Im Roman heißt er Lionel und ist ein begnadeter Handwerker. Der Kontrast von Kleid, blonder Perücke und einer Bohrmaschine in der Hand ist für die Hauptperson Emma eine Überraschung. Geschickt hat ihn Emmas beste Freundin, die immer nur vom »Christkind« gesprochen hatte.

MACH DICH VERTRAUT MIT DEINEN FIGUREN

Ein paar Übungen und Tricks, die helfen können:

E-Mail

Du schreibst, warum du sie liebst oder nicht ausstehen kannst. Oder was du an ihr bewunderst. Oder wieso sie dich aufregt. Oder was du mit ihr erleben willst.

Chat

Du kannst auch einen fiktiven Chat schreiben. Stell eine Frage, die für die Geschichte wichtig ist, und lass deine Figur antworten. Dann reagiere auf die Nachricht und lass einen Dialog entstehen.

Schreib an ...

Schreib eine Nachricht, in der du deine Figur lobst oder dich über sie ärgerst. Lass deiner Freude oder deinem Ärger Luft und beschreibe Details und Hintergründe.

Und der Trick aller Tricks, um aus Figuren Menschen zu machen, die echt und lebendig erscheinen ...

MACH DIE BÖSEN GUT
UND UMGEKEHRT

Mach dich zuerst mit der Backstory deiner Figuren vertraut: Die grausamsten, widerlichsten und abscheulichsten Antagonisten bekommen mehr Tiefe und Charakter, wenn du erklären kannst, wieso die Person so geworden ist, wie sie ist.

Die wenigsten Menschen sind widerwärtig und grausam geboren. Ihnen widerfährt Böses im Leben, sie fühlen sich ausgeschlossen, enttäuscht, übergangen oder verletzt.

Es ist nicht notwendig, beim ersten Auftauchen der Person gleich ihre gesamte Hintergrundgeschichte aufzudecken. Im Laufe eines Romans aber ist es interessant, mehr zu erfahren und ein verständlicheres Bild zu bekommen.

o Wieso hasst jemand?
o Wieso ist jemand bereit, zu töten?
o Wieso sinnt jemand auf Rache?

In den meisten Fällen tun Menschen es aus Eifersucht, aus Wut oder aus Trauer, die sie nie bewältigt und überwunden haben.

Viele Bösewichte wollen geliebt werden, würden das aber nie aussprechen, weil die Angst vor Zurückweisung zu groß ist und sie verletzlich und von Minderwertigkeitsgefühlen geplagt sind. Der Frust, scheinbar keine Liebe bekommen zu können, macht sie zu schrecklichen Taten bereit.

Wirkt jemand von außen auch abscheulich, so ist es wichtig, einen Blick unter diese Hülle zu werfen. Was verbirgt sich dort, das den Menschen zum Monster hat werden lassen? Ein Beispiel aus Literatur und Musical.

Das Phantom der Oper

Der Roman ist 1909 in Fortsetzungen in einer französischen Zeitung erschienen. Die Kapitel sind wie Zeitungsberichte geschrieben und haben bei manchen Lesern den Eindruck entstehen lassen, es handle sich um eine wahre Geschichte.

Falls du sie nicht kennst, eine kurze Inhaltsangabe. Ich habe den Roman und die Musicalfassung zusammengenommen, weil es nur um die Hauptperson selbst geht:

In der Pariser Oper spukt ein Phantom, also ein Mensch, dessen Gesicht hinter einer Maske verborgen ist. Dieses Phantom verlangt einen hohen monatlichen Lohn von den Direktoren und dazu Loge fünf, die immer für ihn freigehalten werden muss. Sonst würde es zu Unfällen in der Oper kommen.

An der Oper gibt es eine junge Tänzerin und Sängerin namens Christine, die für eine Star-Sängerin einspringt und für Furore sorgt. Unterrichtet wurde sie von einem Engel der Musik, der niemand anderer ist als das Phantom, das sich in Christine verliebt hat.

Als Raoul, der Vicomte de Chagny, als neuer Förderer des Opernhauses eine Vorstellung besucht, erkennt er in Christine die Liebe seiner Kindheit. Der Funke zwischen den beiden ist nicht erloschen.

Das Phantom entführt Christine und bringt sie in sein Reich inmitten eines Sees unter der Oper. Dort lebt und komponiert Erik, wie der Mensch hinter der Maske des Phantoms heißt.

Als Christine sehen will, wer sich unter der Maske verbirgt, macht sie eine schaurige Entdeckung: Erik, den sie nur mit glattem dunklem Haar und der weißen Maske kennt, ist völlig entstellt.

Zitat: »Stellen Sie sich, wenn Sie es können, nun vor, dass ein Totenkopf plötzlich zum Leben erwacht, um mit den vier schwarzen Löchern seiner Augen, seiner Nase, seines Mundes seine heftige Wut, seinen dämonischen Zorn auszudrücken, während seine Augenhöhlen blicklos sind, denn, wie ich später erfuhr, sieht man seine glühenden Augen nur in tiefer Nacht.«

Erik schreckt vor Mord nicht zurück. Er erpresst, entführt, terrorisiert. Aus Wut lässt er sogar den riesigen Kristalllüster im Zuschauerraum auf die Bühne stürzen – ein beeindruckender Effekt in der Produktion des Musicals.

Das Phantom der Oper ist ein kaltblütiger, rachsüchtiger, eifersüchtiger Verbrecher.

Als er Christine vor die Wahl stellt, entweder für immer bei ihm zu bleiben oder aber ihren Verlobten Raoul sterben zu sehen, küsst sie die verschwollenen Lippen seines Mundes.

Aus dem bedrohlichen, scheinbar eiskalten Erik wird ein zitterndes Häuflein Elend, denn nicht einmal die eigene Mutter hat ihn jemals geküsst. Statt Liebe gab sie ihm die erste Maske, da sie seine Entstellung nicht ertragen konnte.

Er ist lange Zeit in einem Zirkus als Monster ausgestellt worden. Aufgrund seiner hohen Intelligenz gelang es ihm, sich zu bilden, aus dem Zirkus zu entkommen und Bauunternehmer zu werden. In diesem Zusammenhang war er am Bau der Oper beteiligt und konnte sich sein unterirdisches Reich und geheime Gänge schaffen, um sich unerkannt im Haus zu bewegen und seiner großen Leidenschaft, der Oper, nachzugehen.

Christine weint mit ihm über sein trauriges Schicksal. Aus dem mordenden Ungeheuer ist in kurzer Zeit ein Mensch geworden, den man in die Arme nehmen und trösten möchte. Nichts rechtfertigt seine Taten, aber seine Geschichte ist Erklärung für sein Handeln.

Erik lässt Christine und Raoul gehen. Im Musical setzt er sich in seinen thronartigen Sessel und bedeckt sich mit einem schwarzen Tuch. Als sein Versteck wenig später entdeckt wird und eine Tänzerin das Tuch lüftet, ist der Sessel leer, das Phantom verschwunden.

In den tausenden Vorstellungen dieses Musicals in aller Welt haben schon viele Leute feuchte Augen bekommen oder Tränen vergossen. Das Schicksal des Phantoms berührt – so meine Theorie – unsere eigene Verletzlichkeit und lässt uns für und mit Erik fühlen. Ein wenig kratzt Eriks Spuk im Opernhaus an unserer eigenen Rachsucht, es allen heimzuzahlen, die jemals gemein zu uns waren.

Das große Thema aber ist Christines Liebe. Sie schafft es, Erik zu zeigen, dass er nicht so allein ist, wie er denkt, und dass er Liebe verdient.

In Geschichten werden die Vertreter des Bösen bedrohlicher und unberechenbarer, wenn sie auch Eigenschaften oder Züge aufweisen, mit denen sich die Leserschaft identifizieren kann.

Antagonisten macht es stark, wenn sie sich im Recht wähnen. Sie sind überzeugt, dass ihnen zusteht, was sie tun.

Es sind die Gegner, diejenigen also, die etwas stören oder zerstören wollen, die eine Handlung auslösen und vorantreiben.

Ohne das Phantom wäre die Geschichte von Christine und Raoul eine süße Liebesgeschichte von zwei Menschen, die einander seit ihrer Kindheit kennen. Er ist ein reicher Vicomte, sie eine aufstrebende Sängerin. Durch Zufall treffen sie sich nach Jahren bei einer Opernvorstellung wieder. Küsschen, Küsschen, hab dich lieb. Danke.

Nett. Und fad!

Aber dann taucht eine mysteriöse Gestalt auf. Sie versetzt die Menschen im Opernhaus in Angst und Schrecken. Das Phantom ist hochmusikalisch und ein Killer. Es liebt und es hasst.

Raoul hat einen Gegenspieler. Er will Christines Liebe gewinnen, das Phantom meint, sie erzwingen zu können.

- Konflikt
- Spannung
- Unberechenbare Momente

Der große Unterschied zwischen Protagonist und Antagonist einer Geschichte, zwischen der Hauptperson und dem Gegenspieler, besteht vor allem in der Vorgehensweise.

Beide haben ein Ziel.

Der Protagonist versucht es mit »erlaubten« Mitteln zu erreichen.

Der Antagonist geht buchstäblich über Leichen.

Aber die Motivation des »Guten« ist nicht nur »gut« und die des »Bösen« nicht nur »böse«.

Christine will sehr gerne Sängerin werden und der Vicomte will sie zur Frau. Beide haben nicht von vornherein den Vorsatz, das Opernhaus und alle Menschen, die darin tätig sind, zu retten. Die nette Christine und der edle Raoul handeln also auch aus egoistischen Gründen.

Erik, das Phantom, handelt nicht böse, weil er Freude daran empfindet. Er tötet nicht aus Spaß, sondern weil Leute versuchen, sein Geheimnis zu lüften. Wird sein Versteck gefunden, so wird auch seine wahre Identität entlarvt. Aus dem geheimnisvollen Phantom, dieser eleganten Gestalt in Frack und schwarzem Umhang, wird so ein jämmerliches Wesen, dessen Kopf an einen Wurm erinnert, der nie das Tageslicht erblickt hat.

Wie viel Unrecht ist Erik schon zugefügt worden? Wie entsetzlich muss es sein, wenn sogar die eigene Mutter von dir zurückgeschreckt ist, als du sie umarmen wolltest? Wir erfahren seine Geschichte genau zum rechten Zeitpunkt. Aus dem bösen Phantom wird der tragische Mensch Erik. Gaston Leroux, der Autor, rechtfertigt Eriks Taten nicht. Allerdings liefert er Gründe für sein Handeln. Diese machen es dem Leser schwer, ihn zu verurteilen. Diese widerstreitenden Gefühle sind es, die der Geschichte ihre Kraft verleihen.

Lass Helden in der in der Nase bohren

Sie müssen nicht wirklich in der Nase bohren, aber das Bild stimmt schon.

So viele seriöse Geschäftsleute mit den besten Manieren bohren im Auto in der Nase, weil sie sich unbeobachtet fühlen.

Jede Hauptperson, die auf der Seite der Guten steht – sorry, ich mag diese Begrifflichkeit nicht, aber sie beschreibt die Rolle am schnellsten und klarsten – jede dieser Personen kann, oder soll sogar, genauso ihre Schattenseiten, ihre schlechten Angewohnheiten, Schwächen und »Fehler« haben. Sie darf sich auch daneben benehmen und damit beweisen, dass sie ein Mensch ist.

Nehmen wir Superman als Beispiel: Wenn er in seinem hautengen Anzug und roten Umhang herumfliegt, scheint er praktisch fehlerlos und eben einfach nur super. Sympathisch aber wird er erst durch sein irdisches Dasein als Clark Kent, der schüchterne Reporter. Mit Clark kann man sich gut identifizieren. Wer hatte noch nie den Wunsch, hinter eine Ecke zu springen und als Superman wieder aufzutauchen? Wäre Superman immer nur super, dann wäre er langweilig.

Von der Hofdame Ida habe ich in einem der vorangegangenen Kapitel geschrieben. Auf den ersten Blick ist sie immer taktvoll, zeigt höchsten Respekt vor der Kaiserin und dazu Loyalität. Ihr Auftreten ist stets tadellos.

Aber sie hat eine heimliche Rivalität mit der Frisöse Fanny Feifalik. Auch dieser Charakter ist einer wahren Person nachempfunden. Fanny bekam – wie man es heute nennt – ein Spitzengehalt bezahlt, da sie für Elisabeth eine Haarkünstlerin war. Tatsächlich war sie für alle Frisuren verantwortlich, die Sisi auf ihren berühmten Gemälden und Fotos trägt.

Ida empfindet Fanny als frech und arrogant. Die Nähe, die sie durch ihre Arbeit zur Kaiserin hat, quält Ida. Sie ist also eifersüchtig. Und wie. Deshalb kann sie sich spitze Bemerkungen nicht verkneifen. Die scheinbar so sanftmütige Ida kann also richtig bissig sein.

Ich persönlich erscheine vielen Leuten als immer gut gelaunt, fröhlich und ständig kreativ. Dieser Eindruck setzt sich aus ihren Erlebnissen und Erfahrungen mit meinen Geschichten zusammen und den Fotos, die ich in den Sozialen Medien poste. Ganz bewusst wähle ich Bilder aus, die etwas Positives in die Welt setzen.

Wozu auch soll ich Menschen anjammern, die ich nicht persönlich kenne und die ohnehin genug um die Ohren haben?

Auf die Frage, ob ich der glücklichste Mensch der Welt sei, kann ich nur mit einem sehr entschiedenen *NEIN!* antworten. Ich gebe offen zu, dass ich Verzweiflung, Traurigkeit, Wut, Enttäuschung und Mutlosigkeit erlebe wie andere auch. Ich habe nur gelernt, diesen negativen Gefühlen nicht so viel Raum zu lassen, weil es mir um die Lebenszeit leidtut, die damit vergeudet wird.

Wie schon erwähnt, spiele ich manchmal stundenlang Backgammon, weil ich nicht ins Schreiben komme. Ich kaufe dafür sogar Münzen, gebe also Geld aus, das ich nach einer Weile immer verliere – *heul*. Ich hatte Phasen im Leben, in denen ich dachte, es sei alles vorbei und ich könne nie wieder eine Geschichte schreiben. Ich kann wütend werden (und wie), und es gab Zeiten, da war ich viele Tage, sogar Wochen, so niedergeschlagen, dass ich kaum gesprochen habe.

Ich bin also die ganz normale Mischung, die man Mensch nennt. Und genau so sollten deine Figuren auch sein.

BESCHREIBE, OHNE
ZU LANGWEILEN

Wenn du dein Publikum begeistern willst, dann verkneife dir alle Schilderungen, Aussagen oder Beschreibungen, in denen du mit Worten ausdrückst, wie »böse« der Antagonist ist. Statt so etwas über die Person zu schreiben, lass sie böse handeln. Zeige, wozu sie fähig ist. Das jagt kalte Schauer über die Rücken der Leserschaft.

Schreib ebenso wenig über die Tugenden der Protagonisten, sondern lass sie danach handeln. Führe in kleinen Szenen vor, wie sich die Hauptperson gerne verhält, was ihr Freude bereitet, wieso andere sie schätzen und mögen.

Du kannst viel durch das Lesen lernen. Unterschätze nie Filme und Serien, die nicht nur unterhaltsam oder berührend, sondern auch als Training ausgezeichnet geeignet sind.

Im Film hörst du keinen Erzähler, der sagt: Ella war die beste Geliebte, die Ralf sich vorstellen konnte. Du siehst Ella, die im Laufen schon die Knöpfe ihrer Bürobluse öffnet. Wenn sie die Wohnungstür von Ralf erreicht, ist sie halb ausgezogen. Er öffnet, überrascht, sie zu sehen. Eben war er noch am Handy. Nun aber beendet er das Gespräch so schnell es nur geht. Schon liegen sie sich in den Armen und landen im Bett.

Das klingt vielleicht platt in deinen Ohren oder klischeehaft, aber Klischees sind sehr gut geeignet, um bei

Schilderungen und Darstellungen eine Abkürzung zu nehmen, wie ich das gerade getan habe.

Ich war in meiner Anfangszeit als Autor oft verleitet, das Äußere meiner Personen genau zu beschreiben. Mit Vorliebe habe ich es bereits beim Auftreten der Person gemacht, bevor sie überhaupt Zeit hatte, etwas zu tun.

Aufgehört habe ich damit, als mir bewusst geworden ist, dass ich selbst beim Lesen in einem Buch solche Stellen überspringe. Genauso wie unendliche Schilderungen von Häusern, Zimmern, Gärten und Landschaften.

Immer wieder will ich dir sagen: Du kannst alles schreiben, so wie du möchtest. Es gibt kein Gut oder Schlecht, kein Richtig oder Falsch. Wer von Gesetzmäßigkeiten in der Literatur spricht, dem kann man sicherlich jede Menge Ausnahmen zeigen, ganz besonders solche, die erfolgreich wurden.

Wenn es dir Freude bereitet, wenn du vielleicht sehr poetisch schreibst, wenn du Sprache wie Malerei verstehst, dann vertiefe dich in Beschreibungen so lange und so intensiv, wie du nur willst.

Ich kann und will dir vor allem zeigen, wie ich vorgehe und was ich selbst gerne lese. Es ist ein Vorschlag und ich beobachte, dass diese Grundprinzipien in vielen Büchern zu finden sind.

Ich kann die Fragen hören, die du dir stellst: Ist es nicht wichtig, zu erfahren, wie Personen aussehen? Doch!

Hat es keine Bedeutung für Atmosphäre und Stimmung, zu lesen, wo wir uns befinden und was es dort zu entdecken gibt?

Doch!

Wie also die Beschreibungen platzieren, ohne zu langweilen?

Ein Trick: verbinden.

Zusammen besser als allein

Es geht im Folgenden um einen kauzigen Mann mit einem Bart, der ihm bis zur Brust reicht. Er hat nur noch einen dünnen Haarkranz, geht leicht gebückt und redet mit schnarrender Stimme. Bei seiner Kleiderwahl bevorzugt er die Farbe Grau, der Stil ist altmodisch.

Du kannst schreiben: Am Tisch saß ein Mann, der einen kauzigen Eindruck machte. Er hatte einen Bart … *und dann die ganze Beschreibung bis* … sein Stil ist altmodisch.

Aber was hältst du davon:

Sie trat ein und blieb überrascht stehen. Wer saß dort am Tisch? Sie hatte den Mann noch nie gesehen und trotzdem kam er ihr vertraut vor.

»Was starren Sie mich so an?«, fragte er mit schnarrender Stimme. Er nahm ein paar Löffel Suppe und aß sie mit lautem Schlürfen. In seinem langen grauen Bart glänzten fettige Tropfen. Sie konnte den Blick nicht davon wenden. Wie hypnotisiert verfolgte sie einen Tropfen, der die ganze Länge des Bartes bis auf die Mitte seiner Brust rann. Dort hinterließ er einen nassen Fleck auf dem weißen Hemd.

Ohne sich aus der Ruhe bringen zu lassen, setzte der Mann das Löffeln und Schlürfen fort.

Sein grauer Anzug war fleckig und an den Ellbogen und Knien ausgebeult. Das letzte Mal hatte sie einen solchen Anzug an ihrem Urgroßvater gesehen, der bereits vor zehn Jahren verstorben war.

Als er endlich mit dem Essen fertig war, nahm der Mann die Stoffserviette und tupfte sich damit die Mundwinkel ab. Die feine Bewegung passte so gar nicht zu seiner übrigen Erscheinung. Als er sich zum Abschluss mit der Serviette den kahlen Kopf polierte und mit den gespreizten Fingern den dünnen Haarkranz und den seidigen Bart kraulte, wandte sie sich ab.

»Sie müssen die Nichte sein«, hörte sie ihn sagen. Er stand plötzlich dicht vor ihr und streckte ihr seine kleine Hand hin. Die Finger waren noch feucht.

Alle Details wurden untergebracht, aber in die erste Begegnung zwischen der Frau und dem Mann verpackt. Machen wir mit dem Zimmer weiter, in dem sich die Szene abspielt. Es ist ein modernes Esszimmer, minimalistisch eingerichtet mit nüchternen Möbeln. Zwei große Fenster führen in einen Hinterhof, wo Kinder Ball spielen. Es ist ein kühler, grauer Tag.

Die Szene könnte so fortgesetzt werden:

Widerwillig ergriff sie die dargebotene Hand. Sein Händedruck war schlaff. Schnell ließ sie wieder los.

Er machte einen Schritt zur Seite. »Verzeihung, ich verstelle Ihnen den Weg. Sie werden sicherlich auch etwas essen wollen.«

Danke, nein, ihr war jeglicher Appetit vergangen. Trotzdem betrat sie das Esszimmer ihrer Tante, das sie mit den weißen Wänden und schmucklosen Möbeln an ein Krankenhaus erinnerte.

»Setzen wir uns doch«, bot der Mann an, als wäre er hier zu Hause. Er eilte voraus und rückte einen der Metallrohr-Stühle für sie zurecht. Das Kratzen der Stuhlbeine auf dem Steinboden hallte unangenehm in ihren Ohren. Die Rufe der Kinder, die im Hof Ball spielten, waren das einzig Lebendige in dem ausgestorbenen Lokal.

Sie setzte sich und sah aus dem Fenster, weil sie ihm nicht ins Gesicht blicken wollte. Die bleigrauen Wolken, die seit Tagen über der Stadt hingen, hatten sich bis über das Hausdach herabgesenkt.

Alles klar?

Übrigens habe ich einen weiteren Trick angewandt, den ich sehr empfehlen kann: Wähle eine Person, aus deren Perspektive du die Szene erzählst. Du siehst die Welt dann durch ihre Augen. Lass sie Gefühle entwickeln. Verbinde das, was sie sieht, mit Emotionen. Gefühle geben dem Text Strahlkraft.

Dazu aber frage dich: Wer ist die Person, in die ich in dieser Szene geschlüpft bin und die ich die Handlung erleben lasse?

Stell dir vor, du ziehst dir ihren Körper über wie einen Taucheranzug. Ihre Augen sind zwei Löcher, durch die du blickst. Du hast direkte Verbindung in ihr Gehirn und zu ihrem Denken. Du fühlst, was sie fühlt.

Nun musst du nur noch aufschreiben, was du erlebst.

Bei Details kommt es auf die richtige Dosis an. Zählst du zu viele auf, wird die Geschichte zu langsam. Sind es zu wenige, erscheinen Personen und Orte wie auf alten, verblassten Fotos.

Beim Beispiel des Mannes am Tisch könntest du das Material seines Anzugs hinzufügen. Es macht einen großen Unterschied, ob es dicker Tweed ist oder leichtes Leinen. Oder gar ein billiger, synthetischer Stoff, in dem man entsetzlich schwitzen muss.

Welche Suppe er löffelt, spielt für die Handlung keine große Rolle, für die Atmosphäre aber schon.

Rindsuppe, von der Tante meistens versalzen, mit einem Grießknödel, der sicherlich zu hart ist.

Oder die Steinpilzsuppe nach dem alten Rezept, das in der Familie weitergegeben wird und die nur Familienmitglieder oder besondere Gäste bekommen.

Oder die Gazpacho, die bitter schmeckt und auf weißer Kleidung und Tischdecken Flecken macht, die beim Waschen nicht mehr rausgehen.

Die Größe von Personen lässt sich in Vergleichen gut schildern:

- *Er schlug mit der Stirn um ein Haar an der Oberkante des Türrahmens an. Im letzten Moment bückte er sich.*

- *Mit seinen breiten Schultern füllte er den Türrahmen aus.*

- *Sie hatte das Bedürfnis, in die Knie zu gehen, wenn sie ihm gegenüberstand, weil sie ihn um gut zwei Köpfe überragte.*

Gerüche mit Erinnerungen in Verbindung zu bringen, macht sie für die Leserschaft »nasenfreundlicher«.

- *Im Raum hing ein Duft von Himbeeren, der sie an den Saft erinnerte, den sie als Kind bei ihrer Großmutter so gerne getrunken hatte.*

- *Es roch nach ungewaschener Wäsche. Als ihr Sohn die Uni besuchte und in einer WG lebte, hatte sie einmal den Fehler begangen, sein Zimmer zu betreten. Dort lag ein Haufen schmutziger Kleidung, der sich über mehrere Wochen angesammelt haben musste. Der Gestank ließ Fliegen tot von den Fensterscheiben fallen.*

- *Im Wald herrschte eine Frische wie nach einem heftigen Gewitterguss. Die Luft war rein und roch nach feuchtem Moos.*

Es ist nicht nötig, *ALLES* detailgenau zu schildern. Die markanten Details wollen erzählt werden, die eine Person, einen Ort oder eine Atmosphäre charakterisieren.

Mach es ihnen schwer

Damit meine ich nicht deine Umwelt, deine Familie und andere Menschen, die du nerven kannst.

Bevor ich erkläre, was ich meine, kommt hier die größte *DANKSAGUNG* überhaupt an alle Menschen, die ich im Laufe der mehr als dreißig Jahre, die ich schon Bücher schreibe, genervt habe.

Seit vielen Jahren habe ich eine »neue« Familie. Sie ist nicht blutsverwandt, sondern hat mich in einer Lebenskrise »adoptiert«. Diese Familie ist mein Hafen und mein Rückhalt geworden, die Mitglieder zählen zu meinen besten Freundinnen und Freunden.

Das »Oberhaupt« dieser Familie erzählte neulich, dass er sich genau an die Stelle erinnern kann, an der er stand, als ich ihn angerufen und voller Verzweiflung angejammert habe, ich hätte schon alles erzählt, was ich zu erzählen habe, und mir fielen keine neuen Geschichten mehr ein. Meine Laufbahn als Schriftsteller sei vorbei und ich wisse nicht mehr weiter.

Das war vor geschätzt fünfzig Büchern, von denen mindestens 15 für Erwachsene sind. Sieben der Bücher hatten Platzierungen auf Bestsellerlisten, zwei davon waren mehr als 14 Wochen unter den Top 10.

Bu hu hu, mir fällt nichts mehr ein.

Danke für das Zuhören damals. Es hat mir geholfen.

In meinen Schreibzeiten gibt es zahlreiche Krisen, die ich stets mit meiner Umgebung teilen muss.

Einige Beispiele:

- Ich komme nicht ins Schreiben rein.
- Ich werde das Buch niemals fertigstellen.
- Das Buch hat doch keine Chance auf Erfolg.
- Ich weiß nicht, ob die Idee gut ist.
- Ich komme nicht weiter.
- Ich spiele nur Backgammon und verliere.
- Alle anderen Schriftstellerinnen und Schriftsteller sind so viel besser als ich.
- Wieso habe ich keinen Erfolg? (Ehrlich, ich stelle diese Frage. In ruhigen Zeiten kann ich mich über mich selbst schieflachen.)

Meine Familie und mein Mann kennen alle diese Aussprüche und abermals danke ich für ihre Geduld. Entweder erinnern sie mich daran, dass ich das Gleiche auch beim letzten, vorletzten und allen Büchern davor gesagt habe. Oder aber sie drohen, mich in mein Arbeitszimmer zu sperren, bis die Seiten fertig sind (oder kein Sex, bis es geschafft ist!).

Während des Schreibens bin ich gereizt und bissig, wenn die Ideen nicht fließen, wie ich mir das wünsche.

Bei der Arbeit an großen Romanen, wie den Sisi-Krimis, rede ich am Abend, wenn ich für den Tag mit dem Schreiben Schluss gemacht habe, sehr wenig. Die Geschichte arbeitet in mir weiter, Ideen wachsen, und daher habe ich keine Nerven und keine Aufmerksamkeit für das Leben anderer.

Danke, dass mein Mann Verständnis hat, wenn ich mich an meinen zweiten Wohnort London zurückziehe und dort allein sein will. Am Abend kann ich durch die Straßen spazieren und einfach nicht denken, sondern die Gedanken kommen lassen. Wir telefonieren, wir reden jeden Tag via Facetime, aber die »Abgeschiedenheit« hilft mir enorm beim Schreiben.

Über einen berühmten englischen Thriller-Autor (ich bin nicht sicher, ob es Frederic Forsythe oder John le Carré war) habe ich gelesen, dass er beim Schreiben eines Romans überhaupt nicht gestört oder angesprochen werden durfte.

Er schloss sich in seinem Zimmer ein, das Essen wurde auf Tabletts davorgestellt und an den Abenden schaute er Gameshows im Fernsehen. Seine Frau verreiste in der Zeit zu Verwandten oder blieb bei Freundinnen. Das ging ein paar Wochen so, bis die erste Fassung fertig war. Ich habe volles Verständnis dafür.

Zurück zu allem, was meine Umwelt manchmal ertragen muss: Ist das Buch endlich fertig, gibt es noch immer keinen jubelnden Thomas, der vor Freude tanzt.

Es gibt dann

o   den erschöpften Thomas,
o   den depressiven Thomas
o   und den ausgepowerten und leeren Thomas.

Der erschöpfte Thomas ist noch relativ einfach handzuhaben. Gebt ihm etwas Gutes zu essen, redet auf ihn ein, ohne eine Antwort zu erwarten, und sorgt dafür, dass er Bewegung an der frischen Luft macht.

Der depressive Thomas ist schon schwieriger. Er ist niedergeschlagen, weil der Abschied von den Personen der Geschichte, mit denen er viel Zeit verbracht hat, so schwerfällt. Oder weil das Buch jetzt endlich geboren ist und eine Leere danach entsteht, die entsetzlich erscheint.

Der ausgepowerte und leere Thomas kann aussehen wie Ramses, die Mumie, weil Schreiben so viel Energie kostet. Ich habe dann wieder weit über meine Kräfte gearbeitet und bin in die große Falle getappt: weiterarbeiten. Mein Hirn ist so in Schwung, dass ich nicht aufhören kann. Ich denke, ich sollte gleich mit der nächsten Geschichte beginnen, und tue das manchmal auch. Die Folgen sind ein Stolpern und Steckenbleiben beim Schreiben. Dann werde ich zu einer Mischung aus erschöpftem Thomas und depressivem Thomas. In diesem Zustand nerve ich meine Umgebung am meisten.

Danke, danke, danke, ihr lieben Menschen, dass ihr das alles aushaltet, lächelt, lacht, aber immer Mitgefühl zeigt, und mich so sein lasst, wie ich bin.

Dazu noch eine Anekdote mit dem Titel »Fensterputzen und Schreiben«.

Eine meiner engsten Freundinnen ist eine ausgezeichnete Familien-Managerin und Großmeisterin im Führen eines Haushalts. Sie mag Hausarbeit.

Als ich allein und ohne Partner war und beim Schreiben nicht weiterkam, besuchte ich sie. Ich bin auf ihrem

Sofa gesessen, den Laptop auf dem Schoß, und habe gejammert, ich hätte keine Ideen und könnte keine einzige Seite füllen. Meine Freundin hatte zu dieser Zeit ein neues Gerät zum Fensterputzen, das Sprühen und Saugen gleichzeitig konnte und für sie wie ein Spielzeug war.

Unser Deal lautete: Sie putzt ein großes Fenster und ich schreibe eine Seite. Wer ist schneller?

Es hat geklappt. Ich bin zwar langsam, aber stetig ins Schreiben reingekommen.

Wenn ich heute erzähle, dass ich nicht gut weiterkomme, bietet sie sofort an, Fenster zu putzen.

Nach diesem Ausflug in mein persönliches Umfeld wieder zurück in die Welt der Romane, der Krimis und Liebesgeschichten.

Lasst mich den Titel des Kapitels präzisieren.

Mach es den Personen deiner Geschichte schwer

Was braucht eine Geschichte, die Menschen fasziniert, anspricht, hineinzieht, fesselt?

- Konflikt
- Konflikt
- Konflikt
- und noch mehr Konflikt

Allerdings ist Konflikt so ein dehnbarer Begriff und das Wort klingt nach Politikberichterstattung.

Anders ausgedrückt: Die Hauptbeteiligten einer Geschichte müssen von einer Schwierigkeit und Herausforderung in die nächste geraten. Alles muss sich – scheinbar oder tatsächlich – gegen sie verschworen haben und so ziemlich nichts darf glatt laufen. Allerdings muss jedes Hindernis erklärbar und glaubhaft sein.

Die Hürden können von außen kommen oder von innen. Damit meine ich die persönlichen Eigenschaften der Figuren, die Hindernisse bei der Erreichung ihrer Ziele darstellen.

Ideen, wie du es deinen Charakteren schwer machen kannst

....

....

....

....

....

....

....

....

....

....

....

....

....

Beispiel, wie du es deinem Charakter schwer machen kannst:

Ralf hat die Hoffnung auf eine Freundin zu 98 Prozent aufgegeben, da er nur Enttäuschungen erlebt hat.

Dann aber begegnet er Rosi, die sich ständig schuldig fühlt, weil ihre Eltern an der erwachsenen Tochter immer herumnörgeln.

Ralf und Rosi kaufen ihren Take-away-Latte im selben Café. Sie stolpert und schüttet ihm den vollen Becher über Hemd und Anzug.

Während sie sich tausend Vorwürfe macht, versucht Rosi, die Flecken mit Papierservietten zu beseitigen, was die Bescherung nur schlimmer macht.

Allerdings ist Ralf nicht wütend, sondern findet Rosi attraktiv und sympathisch. Er macht sich keine Hoffnungen, dass sie an ihm interessiert sein könnte.

Dann aber hört er sie fragen: »Wie kann ich das nur wieder gut machen?«

Und im nächsten Moment hört Ralf sich sagen: »Indem du am Samstag mit mir auf einen Drink gehst.«

Und Rosi willigt ein.

So weit, so romantisch.

Herzklopfen bei Ralf, der kaum glauben kann, dass Rosi zugestimmt hat.

Herzklopfen aber auch bei Rosi, deren Selbstbewusstsein in der Umgebung von Männern auf minus null rutscht.

Beide sind aufgeregt vor dem Date. Beide freuen sich und haben tausend verschiedene Ängste.

Ralf ist viel zu früh in der kleinen Bar in einem alten Hotel, wo sich seine Eltern einst verlobt haben. Er wartet. Weil er so nervös ist, bestellt er schon einmal den ersten Drink, dann den zweiten …

Rosi hat sich viermal umgezogen, weil sie mit keinem Outfit zufrieden war. Trotzdem schafft sie es, pünktlich das Haus zu verlassen. Zumindest beinahe, wäre da nicht ihre Mutter. Die hält sie kurz vor der Haustür auf und tadelt wie üblich Rosis Kleidung. Weil sie verunsichert ist, zieht sich Rosi zum fünften Mal um. Endlich kann sie aufbrechen, da kommt ihr Vater mit dem Hund der Nachbarn ins Haus. Es handelt sich um eine schlecht erzogene Dogge, auf die er einen Abend lang aufpassen soll. Die Dogge springt an Rosi hoch und reißt sie um. Rosis Jacke bekommt ein Loch, Rosis Kopf eine Beule.

Währenddessen wartet Ralf in der Bar. Der dritte Drink ist bereits die Kehle runter.

Kollegen aus dem Büro tauchen auf, die einen Polterabend feiern. Der Bräutigam heißt auch Ralf und die T-Shirts der Männer tragen die Aufschrift:

Ralfi und die starken Männer

Das Leben ist zum Saufen da

Die Gruppe ist schon angeheitert und die Kollegen versuchen Ralf zu überreden, mitzuziehen. Als er ablehnt, wollen sie wissen, auf wen er denn warte. Als er es nicht sagt, beschließen sie, mit ihm zu warten.

Da steht er also, der angeheiterte Ralf, umgeben von betrunkenen Männern, die alle T-Shirts tragen mit der Aufschrift:

Ralfi und die starken Männer

Das Leben ist zum Saufen da

Als es ihm endlich gelingt, sie aus der Bar zu verscheuchen, kommt in der Hotellobby gerade die Stripperin an, die die Freunde für den Bräutigam Ralf engagiert haben. Sie trägt hohe Stiefel und ein schwarzes Korsett unter einem langen, unauffälligen Mantel. Als sie hört, wie Ralf mit seinem Namen angesprochen wird, hält sie ihn für den Bräutigam und zeigt ihm verstohlen, was sich unter dem Mantel befindet. Sie hängt sich bei ihm ein und will ihn in die Suite befördern, die die Freunde gebucht haben. Dort soll die Feier weitergehen.

In der Zwischenzeit konnte sich Rosi umziehen und frisch machen. Sie nimmt das Fahrrad, da sie spät dran ist, und hält vor dem Hotel.

In der Lobby versucht Ralf gerade, die Stripperin abzuwehren, der ein Kollege ein dickes Trinkgeld versprochen hat, wenn sie den keuschen Ralf küsst und er ein Foto mit dem Handy machen kann.

Ralf sieht Rosi durch die Drehtür kommen …

Wie diese Geschichte weitergeht, kannst du dir selbst ausdenken. Aber was innere und äußere Hindernisse und Schwierigkeiten betrifft, hast du hoffentlich ein Bild bekommen.

Nun ist das ein Beispiel aus einer romantischen Komödie. Was aber ist mit Krimis? Oder mit einer »ernsthaften« Geschichte?

Das Prinzip ist und bleibt das gleiche, die »Konflikte« sind nur andere.

Ein Mord bekommt gleich doppelt so viel Dramatik und Spannung, wenn der Mörder nach der Tat jemanden kommen hört. Es gelingt ihm, sich im Badezimmer zu verstecken. Die kleine Tochter des Mordopfers geht durch die Diele. Er sieht sie durch den Türspalt.

Selbst der grausame Mörder will nicht, dass das Kind die blutende Leiche findet. Er muss das Mädchen ablenken – was ihm Menschlichkeit und seinem Charakter damit mehr Tiefe und Kraft verleiht.

Oder es ist die Frau des Mordopfers, die eigentlich bei einer Freundin sein sollte. Sie findet ihren toten Mann. Der Schock ist so groß, dass nur ein stummer Schrei über ihre Lippen dringt. Der Mörder flüchtet, sie sieht ihn aber kurz von hinten.

Es kommt ihr ein fürchterlicher Verdacht: Der Mörder hat Ähnlichkeit mit dem Mann ihrer Freundin.

Auch ein sozialkritischer Roman kommt ohne Konflikte nicht aus, weil er sonst zu einem Aufsatz über Zustände der Welt und der Gesellschaft wird, dem es an Spannung und Dramatik fehlt.

Eines der meiner Ansicht nach besten Werke der Weltliteratur ist der Roman *Die Elenden* von Victor Hugo, im französischen Original *Les Miserables*. Die Geschichte bildet die Grundlage zum erfolgreichsten Musical der Welt, das seit 1985 ununterbrochen gespielt wird.

Der Roman schildert die Not der Menschen in Frankreich von der Zeit Napoleons bis zum Bürgerkönig Louis Philippe, also die Jahre 1815 bis 1832.

Die Hauptpersonen und ihre Schicksale sind miteinander verbunden. Im Mittelpunkt steht Jean Valjean, der nach dem Diebstahl eines Stück Brots ins Gefängnis geworfen wird, wo er aufgrund mehrerer Fluchtversuche 19 Jahre bleibt.

Als er endlich entlassen wird, ist er ein verbitterter Mann, innerlich verhärtet, der bei einem Bischof Unterschlupf findet. Dieser Mann lässt ihn erfahren, was Güte ist, und gibt ihm den Anstoß, ein moralisch guter Mensch zu werden.

Jean Valjean schafft es, durch Bildung zu Reichtum und Ansehen zu gelangen und Bürgermeister und Fabrikant zu werden. Er ändert seinen Namen und hofft, die Vergangenheit hinter sich lassen zu können.

Jean Valjean hat einen Gegenspieler: Inspektor Javert. Als ein Unschuldiger mit Valjean verwechselt wird, gibt sich der geläuterte Dieb zu erkennen. Doch Inspektor Javert glaubt nicht an die Wandlung von Valjean: Für ihn bleibt ein Dieb immer ein Dieb.

Das ist erst der Anfang einer Reihe von äußerlichen wie innerlichen Konflikten für die Protagonisten.

Später in der Geschichte rettet Jean Valjean während der Revolution Inspektor Javert das Leben. Javert kann das nicht verstehen, sein Sinn für Recht und Ordnung ist so erschüttert, dass er sich das Leben nimmt.

Auch die anderen Personen stehen sich auf die eine oder andere Weise in einem Spannungsfeld gegenüber. Selbst wenn du das sehr umfangreiche Buch nicht liest, empfehle ich dir die Inhaltsangabe. Es ist inspirierend zu sehen, wie die Hauptpersonen miteinander verbunden sind.

Die Elenden ist ein Meisterwerk. Und lernen sollte man immer von den Besten.

Übrigens gehört das Rätsel, das sogenannte Who-done-it-Krimis (Wer war es?) zu Beginn an die Zuschauer und den Ermittler stellen, genauso in den Bereich der Konflikte, Schwierigkeiten und Hindernisse.

Ein Mann wird ermordet in einem von innen versperrten Zimmer ohne Fenster aufgefunden. In diesem Fall kommt zu der Frage nach dem Wer noch eine zweite hinzu: Wie ist das möglich?

Das ist die Herausforderung, die die ermittelnde Person annehmen muss.

Wie langweilig wäre der Krimi, wenn der Mörder bei seinem Opfer eine Visitenkarte hinterlassen würde, mit Namen und Adresse.

Scheinbar unlösbare Rätsel und unerklärliche Vorfälle sind die wunderbaren Konflikte des Kriminalromans.

Wenn ich bemerke, dass eine Geschichte beim Schreiben zu »glatt« läuft oder dass mich meine Figuren und die Handlung zu langweilen beginnen, stelle ich mir vor, wie Göttervater Zeus am Olymp zu stehen und Blitze herabzuschleudern. Je heftiger sie einschlagen, desto besser wird die Geschichte und desto spannender das Weiterarbeiten für mich.

Wichtige Fragen:

Was macht das Leben meiner Figuren schwer?

Wie kann ich meine Leserschaft dadurch in Spannung versetzen?

Welche Hindernisse kann ich meinen Figuren vor die Füße werfen?

DR. THOMAS, ICH HABE EINE SCHREIBBLOCKADE! WAS SOLL ICH TUN?

Eine der Fragen, die mir am häufigsten gestellt wird, lautet:

Hast du manchmal Schreibblockaden und wenn ja, was tust du dann?

Hmm ... im Augenblick überlege ich, ob das nicht eigentlich zwei Fragen sind, auch wenn ich sie in einen Satz gesetzt habe.

Egal.

Fangen wir mit der einfachsten und oft wirksamsten Therapie an:

o   Mach Pause!
o   Geh raus!
o   Lenk dich ab.
o   Trink was, iss was, habe Sex.
o   Denk an alles, nur nicht an deine Geschichte.

Im Kopf können sich Gedanken querstellen und verspreizen wie Baumstämme, die einen Fluss hinabtreiben.

Sie erreichen eine Stelle, wo ein paar Steine aus dem Wasser ragen, ein Stamm bleibt hängen, legt sich quer, die anderen prallen dagegen, verspreizen sich, und in Kürze ist ein Damm entstanden, der das Wasser aufstaut.

Genau so passiert es mit Ideen und dem Schreibfluss.

Der Stau im Straßenverkehr entsteht durch zu viele Fahrzeuge auf zu engem Platz. Auf einmal steht alles. Wenn du mitten drinnen bist und einen Termin hast, verlierst du die Nerven.

Auf einmal aber setzt sich die Kolonne wieder in Bewegung.

Was ist geschehen?

Wo immer die Engstelle war oder das Hindernis, können die Fahrzeuge wieder mit »normalem« Tempo fahren und der Stau, der sich dahinter gebildet hat, löst sich auf.

Pausen und Ablenkung haben einen vergleichbaren Effekt: Was sich verspreizt hat, kann sich lösen. Die Engstelle, die vielleicht durch Zweifel entstanden ist, wird wieder von mehr Gedanken passiert und ein neuer Fluss entsteht.

Nächste Frage an Opfer von Schreibblockaden:

Wie müde bist du?

Meine Erfahrung lautet, dass ich stecken bleibe oder sehr langsam werde, wenn die Müdigkeit zunimmt.

Was tut ein langjähriger Autor wie ich in diesem Fall?

Der Depp bleibt sitzen und versucht alles, um die Ideen zu erzwingen und aus sich heraus zu quälen, weil er den Ehrgeiz hat, noch ein paar Seiten zu schreiben. Auch wenn er aus Erfahrung weiß, dass es nicht funktioniert.

Ja, ich tue es trotzdem. Nach dreißig Jahren Schreiben und mehr als 600 Büchern. Oft auch deshalb, weil ich mir Tagesziele setze und ich eines noch nicht erreicht habe.

Dieses »Nicht weiterkönnen« ereilt mich oft gegen Abend, wenn ich den ganzen Tag gearbeitet habe. Es geht nicht mehr. Ich bin müde und die Kreativitätsmaschine in meinem Hirn verweigert den Dienst.

Da ich sehr gerne ein kleines Glas Wein nach dem Arbeiten trinke, ist die Vorfreude darauf glücklicherweise so verlockend, dass sie mich von meinem idiotischen »Ich muss durchhalten und weitermachen« abbringt.

Unterschätze nie die Wunderwirkung von gutem Schlaf oder einer Pause von ein paar Tagen. Mir hilft besonders, wenn ich kurz verreise. Muss nicht weit weg sein, wichtig ist der Tapetenwechsel: raus aus den vertrauten vier Wänden, andere Atmosphäre, anderer Tagesrhythmus, neue Eindrücke.

Sagen wir, du hast Rat eins und Rat zwei ausprobiert und erledigt und sie haben nicht geholfen. Du bist noch immer blockiert. Wenn du den Bildschirm oder das Blatt Papier ansiehst, dann ist dein Kopf genau so leer, wie das, was du vor dir hast.

Was kannst du tun?

Weiter in der Erforschung der Blockade können dich die *EHRLICHEN* Antworten auf einige Fragen bringen. Ich betone *EHRLICH*, weil es sein kann, dass du deine Geschichte aufgibst, nachdem du sie beantwortet hast. Die Antworten auf diese Fragen sind hart. Vielleicht willst du sie nicht hören. Aber das ist noch immer besser, als dich weiter zu quälen.

Die ehrlichen Fragen

- ₒ Reizt und interessiert dich deine Geschichte genug?
- ₒ *WILLST* du sie wirklich schreiben, weil sie aus dir raus muss?
- ₒ Faszinieren und begeistern dich deine Personen oder würdest du sie als »Schlaftabletten auf Beinen« bezeichnen, wenn sie dir im wirklichen Leben begegneten?
- ₒ Hat deine Geschichte Spannung, bist du selbst neugierig, was in der nächsten Szene geschehen kann, oder plätschert die Handlung bloß dahin?
- ₒ Sagt dir eine Stimme irgendwo weit im Hintergrund, dass die Geschichte einfach nicht gut genug ist?

Falls die letzte Frage einen wunden Punkt bei dir berührt, geh ihr nach. Untersuche dich und deine Geschichte. Schreib dir auf: »Was ich an meiner Geschichte mag« und daneben eine Spalte mit der Überschrift: »Was ich an meiner Geschichte weniger gut finde«.

Sehr hilfreich ist es, mit einem Menschen, dem du vertraust und der es wirklich gut mit dir meint, zu reden. Schildere deine Gedanken zur Geschichte.

Ich will dich darauf aufmerksam machen, dass du vielleicht einen Monolog hältst und die andere Person keinen Schimmer hat, was du da faselst. Macht aber nichts. Das Gegenüber hilft schon durch seine Anwesenheit und muss sich nicht verpflichtet fühlen, kluge Ratschläge zu erteilen.

Mir ist es schon öfters passiert, dass ich ein solches Gespräch geführt habe, bei dem der andere nichts gesagt hat, und ich auf einmal überschwänglich gedankt habe, weil ich plötzlich wusste, was ich tun will und werde.

Die Stimme, die rät, mit einer Geschichte Schluss zu machen, kann aber auch bedeuten, dir ist eine andere Idee gekommen, die dich mehr reizt.

Führe eine strenge Befragung mit dir selbst durch.

Lautet die Antwort »Positiv. Andere Geschichte da und ich will sie *SOFORT* schreiben«:

Tu es, kann ich nur sagen.

Aber wirf die erste Geschichte nicht weg, denn vielleicht reizt sie dich später wieder und du hast mehr Erfahrungen und Erkenntnisse, die sie zum Hit werden lassen.

Falls du einen Abgabetermin für dein Buch vereinbart hast und dir geschieht, was ich gerade beschrieben habe, nützt der gleiche Prozess: Habe den Mut und die Ehrlichkeit, mit dem Vertragspartner, also zum Beispiel dem Verlag, über dein Problem zu reden, und findet eine Lösung.

Kein Verlag ist an einem schwachen Buch interessiert, das widerwillig fertiggestellt wird. Fast alle haben Manuskripte auf Lager, die herausgeholt werden können, um das Loch zu füllen, das dein Werk im Programm hinterlässt.

Nun aber zur Frage aller Fragen:

Dich hat der Zweifel gepackt und hält dich in seinen unerbittlichen und grausamen Klauen – was tun?

Der Zweifel-Horror

Berichtet habe ich schon früher über ihn. An dieser Stelle möchte ich ihn aber noch einmal erwähnen.

Unterschätze niemals seine Wirkung, also seine Auswirkung.

Den Zweifel stelle ich mir als graues, verbittertes, säuerlich lächelndes Wesen vor, das zwei Ziele in seiner Existenz verfolgt:

1) *dich zu quälen*

2) *dich zum Aufhören zu bringen*

Dieses widerliche Wesen sollte im Laufe der Jahre und mit immer größerer Erfahrung schrumpfen, schwächer werden oder völlig verschwinden. Aber das tut es nicht. Mir kommt vor, es wächst und wird stärker.

Meine ersten Bücher habe ich frisch, froh und locker geschrieben. Meine beiden größten Buchserien sind *Die Knickerbocker-Bande* und *Ein Fall für dich und das Tiger-Team*. Für beide schreibe ich heute noch Fortsetzungen. Ich brauche für jedes dieser Bücher doppelt bis viermal so lang, wie ich für die ersten benötigt habe.

Natürlich hat das auch damit zu tun, dass es nach so vielen Bänden herausfordernd ist, immer etwas Neues zu finden.

Der wichtigste Grund für die Verzögerung und das langsame Schreibtempo ist aber der Zweifel:

- *o* Wird der neue Fall jemandem gefallen?
- *o* Ist er spannend genug?
- *o* Ist er originell genug?
- *o* Ist er nicht zu kompliziert?
- *o* Ist er nicht zu einfach?
- *o* Sollten die Hauptpersonen sich nicht noch mehr entwickeln?
- *o* Habe ich ihre Charaktere gut herausgebracht?
- *o* Bla bla bla bla

Bei den ersten Bänden hatte ich diese Gedanken kaum. Mich hat höchstens die Frage gequält, ob die Serie originell genug ist, ob sie auf Interesse stoßen wird und ob die Geschichten stark sind.

Meine Neugier, es herauszufinden, hat den Zweifel ausgestochen. Außerdem war alles noch frisch und neu und ich konnte die Welt der Serie aufbauen. Das ist wesentlich einfacher, als anzubauen oder auszubauen.

Ich war in meinen Anfangsjahren deutlich unbefangener, als ich es heute bin. Damals hatte ich keine Ahnung, was alles schiefgehen kann. Für mich war das Schreiben von Büchern Nebensache, da ich so viele andere Tätigkeiten ausgeübt habe: Ich war Regisseur, Präsentator, Drehbuchautor, Radiomoderator et cetera.

Der Zweifel wächst mit der Zeit und sein Nagen wird immer grausamer.

Ich lese gerne Biografien von Menschen, die selbst geschrieben haben. Zu meiner Beruhigung bin ich mit meinem Zweifel nicht allein. (Siehe Christine Nöstlinger auf Seite 89.)

Nun aber kommt ein Loblied auf den Zweifel.

Ich musste ein gewisses Alter erreichen, um zu erkennen, wie ich mir den Zweifel zunutze machen kann und wie er mir hilft, mit meinen Geschichten interessant zu bleiben.

Statt seine ätzenden Fragen wegzuschieben, nehme ich mir die Mühe, Antworten zu finden.

Das mit dem Wegschieben funktioniert ohnehin nicht. Es ist wie mit der Angst, die man aus dem Kopf verdrängen will. Sie erscheint mir wie ein Babyelefant, der von außen gegen eine Tür drückt. Wir lehnen uns von innen dagegen und je fester wir pressen, desto stärker drückt der Elefant von außen.

Also rede ich manchmal mit dem Zweifel:

Hallo Zweifel, du bist also wieder einmal da. Was willst du mir sagen?

Die Geschichte ist schlecht.

Was heißt schlecht?

Zu langweilig und zu langatmig und zu langsam.

Echt? Lass mich sehen.

Dann sehe ich mir die Geschichte an. Ich analysiere sie. Es kommt vor, dass der Anfang wirklich zu langweilig ist.

Dann ändere ich ihn eben.

Oder dass die Geschichte zu langsam losgeht.

Dann füge ich Kapitel ein, die neugierig machen und für Tempo sorgen.

> Der Zweifel kann dir als Trainer dienen, um deine Leistung zu verbessern.

Es hört sich vielleicht einfach an, wenn ich das so schreibe, aber das ist es nicht. Es ist anstrengend und es kratzt auch ein bisschen am Selbstvertrauen. Wenn ich mir aber die Zeit nehme und ohne Eitelkeit das Geschriebene untersuche, war das schon oft hilfreich.

Oder ich komme zu dem Schluss:

Halt die Klappe, Zweifel! Alles in bester Ordnung. Hau ab und geh anderen auf die Nerven. Oder noch besser: Verzieh dich an einen Ort, wo du niemanden stören kannst.

Ein Freund hat mir einmal folgende Weisheit verraten: Feinde musst du so fest umarmen, dass ihnen die Luft wegbleibt.

Je mehr du akzeptierst, dass es diesen verdammten, widerlichen Zweifel gibt, desto weniger wird er dir das Schreiben schwer machen. Ganz im Gegenteil, durch ihn kannst du sogar entdecken, was deine Geschichte noch besser machen kann.

IN EINER WURST ODER MIT KAPITELN, UND WENN JA, WIE VIELE?

Ich bevorzuge beim Lesen und beim Schreiben lieber mehr Kapitel als weniger.

Nur in einem Stück zu tippen, höchstens mit Leerzeilen zwischen den Abschnitten, das erscheint mir wie eine Zugfahrt ohne eine einzige Station: einschläfernd.

Wie lang ist das ideale Kapitel?

So lang, wie es der Inhalt nötig macht oder erlaubt.

Ein Kapitel von nur drei Zeilen ist möglich, wieso auch nicht.

Ein Kapitel mit zehn Seiten ist ebenfalls in Ordnung.

Aber wie gesagt:

Der Inhalt des Kapitels bestimmt die Länge.

Wann ist die richtige Zeit für ein neues Kapitel?

Neue Kapitel sind wie Szenenwechsel im Film.

Wenn du von einem Schauplatz zu einem anderen springst, bietet sich ein neues Kapitel an.

In einem neuen Kapitel kannst du schildern, was parallel zur Handlung an einem anderen Ort geschieht.

Wenn du die Geschichte aus dem Blickwinkel verschiedener Personen erzählst, dann ist es am besten, in einem Kapitel immer nur eine Perspektive zu wählen. Dazu erzähle ich gleich mehr.

Welche Vorteile haben viele Kapitel?

Deine Geschichte wird portioniert. Es ist einfacher, viele kurze Kapitel zu gestalten, finde ich. Ein Kapitel ist ein Abschnitt, eine Geschichte in der Geschichte. Ist das Kapitel lang, gilt es darauf zu achten, dass es einen guten Aufbau hat, der die Leserschaft bei der Stange hält, und du nicht zwischen den Perspektiven wechselst, was für Verwirrung sorgen kann.

Viele kürzere Kapitel geben dir die Möglichkeit, Szenen zu gestalten, die überschaubar und einfacher zu schreiben sind. Vor allem kannst du am Ende jedes Kapitels einen Cliffhanger setzen, also einen spannenden Moment, der neugierig macht und den du erst im nächsten oder einem noch späteren Kapitel auflöst. Das verleiht jeder Geschichte Dynamik.

Bei James Patterson sind Bücher mit hundert und mehr Kapiteln keine Seltenheit. Seine Leserschaft ist ihm dafür dankbar, weil die Bücher gerne auf Fahrten zur Arbeit oder am Abend im Bett gelesen werden.

Es ist nervig, sich gerade mitten in einem langen Kapitel zu befinden, wenn du aussteigen musst oder wenn dir die Augen vor Müdigkeit zufallen.

Hingegen sind viele kleine Portionen angenehm, weil du dir das Lesen einteilen kannst.

Wie viele Stationen noch bis zu meiner Haltestelle?

Drei! Dann geht sich gerade noch ein Kapitel aus.

Eine Steigerung kannst du setzen, wenn du die Geschichte auch noch in Abschnitte teilst. Falls sie sich über viele Jahre erstreckt, bietet sich so eine Einteilung an.

o   2001 bis 2007
o   Kindheit und Jugend
o   »Als es so schön war …«

Einen Abschnitt kannst du dann wieder in beliebig viele Kapitel einteilen.

Die Gliederung eines Buches ist Geschmackssache und deine persönliche Entscheidung.

Wenn du findest, deine Geschichte könne nur in einem einzigen Fluss erzählt werden, als würde man beim Sprechen niemals Luft holen, so tu es.

Hab den Mut dazu.

Diese Erzählweise kann dein Buch speziell machen und genauso eine Leserschaft finden.

Es gibt zwei Zugänge:

1   *Du setzt Kapitel so, wie du sie am liebsten lesen würdest.*

2   *Du stellst dir deine Leserschaft vor. Du stellst dir vor, aus deiner Geschichte zu lesen. Auf welche Weise, mit welcher Kapitellänge und Aufteilung könntest du die Aufmerksamkeit deiner Leserschaft am besten aufrecht erhalten?*

Ich bin zu spät, weil ich früher gehen muss

Dieser Satz stammt von einem Freund von mir. Er entschuldigt sich auf diese Weise, wenn er zu spät kommt. Interessanterweise fällt es 99 Prozent aller Menschen gar nicht auf, wie unhöflich das ist. Sie nicken nur, weil sie gar nicht genau hinhören und bemerken, dass die Entschuldigung eine Frechheit ist.

In Bezug auf das Schreiben allerdings fasst der Satz ein Prinzip zusammen, das beim Verfassen von Drehbüchern für Film oder Serie ein Gesetz ist und das – finde ich – bei Romanen auch zutrifft:

So spät wie möglich rein
So früh wie möglich raus

Wie bei all diesen »Gesetzen« kann es gebrochen oder missachtet werden. Allerdings ist es grundsätzlich hilfreich. Solche Regeln anzuwenden ist für den Anfang wichtig, später kannst du sie brechen, wenn es deiner Geschichte deinem Empfinden nach hilft.

Ein Beispiel:

Du kannst die Szene so schreiben:

An diesem Freitag betrat Lukas die Wohnung bereits um halb drei Uhr. Er pfiff vor sich hin und rief: »Hallo, hier bin ich!« Das war ungewohnt. So fröhlich waren diese Worte noch nie von ihm zu hören gewesen.

Lukas ging in die Küche und ließ kaltes Wasser in ein großes Glas rinnen, das er leerte, ohne es abzusetzen. Seine Frau bemerkte ihn zuerst nicht, als sie die Küche betrat. Erst als sie den Kühlschrank öffnete, um sich eine Flasche Bier zu nehmen, entdeckte sie Lukas.

Verwundert warf sie einen Blick über seine Schulter auf die Uhr an der Wand. Sie war ein Geschenk ihrer Schwiegermutter zu ihrer Hochzeit vor elf Jahren gewesen.

»Wieso bist du schon zu Hause?«, fragte sie ohne Begrüßung.

»Ich habe meinem Chef gesagt, dass er mich mal kann«, erwiderte Lukas seelenruhig.

Seine Frau starrte ihn ungläubig an. Sie musste die Aussage erst verdauen. Nach ein paar Sekunden lief sie rot an und schrie: »Du hast *WAS* gemacht?«

Lukas wiederholte die Worte.

»Was hat er gesagt?«

»Ich bin gefeuert.«

»Bist du verrückt? Glaubst du, es ist so einfach, eine neue Stelle zu bekommen? Wie sollen wir die Kreditraten zahlen? Unsere Ersparnisse sind praktisch nicht mehr vorhanden.«

»Weil ich das Geld investiert habe. In Aktien.«

»Du hast *WAS* gemacht?«

Lukas füllte das Glas erneut mit Wasser. »Das hast du vorhin auch schon gefragt, als du mich genau verstanden hast.«

»Du hast unser Geld verzockt?«

»Nein. Investiert. In einen todsicheren Tipp.«

»Wo ist es jetzt?«

»In Kroatien.«

»Wie kommt es dorthin?«

»Weil ich uns dort ein kleines Haus mit Garten gekauft habe. Angeblich soll man sogar das Meer vom oberen Stockwerk aus sehen.«

»Bist du völlig verrückt geworden?«

Lukas leerte auch das zweite Glas in einem Zug. Danach wischte er sich den Mund mit dem Handrücken ab.

»Ich war noch nie so klar. Erst habe ich unsere Ersparnisse verzwanzigfacht, dann habe ich den Großteil für einen Lebenstraum verwendet und schließlich habe ich einem Mann, der mich seit Jahren krank macht, das gesagt, was ich ihm schon vor langer Zeit hätte sagen sollen.«

Sie war fassungslos.

Er lächelte. »Willst du nicht mit mir feiern?«

Sie starrte ihn nur an.

»Wir können ein neues Leben beginnen, weit weg von all dem, was du so hasst.«

Nach dem Prinzip von »Spät rein, früh raus« kannst du die Szene auch so schreiben:

»Hallo, hier bin ich!«

So fröhlich waren diese Worte von Lukas, wenn er an einem Freitagnachmittag nach Hause kam, noch nie zu hören gewesen.

Er ging in die Küche und füllte ein großes Glas mit kaltem Wasser, das er leerte, ohne es abzusetzen. Seine Frau bemerkte ihn zuerst nicht, als sie die Küche betrat. Erst als sie den Kühlschrank öffnete, um sich eine Flasche Bier zu nehmen, entdeckte sie ihren Mann.

Verwundert warf sie einen Blick über seine Schulter auf die Uhr an der Wand. Sie war ein Geschenk ihrer Schwiegermutter zu ihrer Hochzeit vor elf Jahren gewesen.

»Wieso bist du schon zu Hause?«, fragte sie ohne Begrüßung.

»Ich habe meinem Chef gesagt, dass er mich mal kann«, erwiderte Lukas seelenruhig.

Seine Frau starrte ihn ungläubig an. Sie musste die Aussage erst verdauen. Nach ein paar Sekunden lief sie rot im Gesicht an und schrie: »Du hast *WAS* gemacht?«

Lukas wiederholte die Worte.

»Was hat er gesagt?«

»Ich bin gefeuert.«

»Bist du verrückt? Glaubst du, es ist so einfach, eine neue Stelle zu bekommen? Wie sollen wir die Kreditraten zahlen? Unsere Ersparnisse sind praktisch nicht mehr vorhanden.«

»Weil ich das Geld investiert habe. In Aktien.«

»Du hast *WAS* gemacht?«

Lukas füllte das Glas erneut mit Wasser. »Das hast du vorhin auch schon gefragt, als du mich genau verstanden hast.«

»Du hast unser Geld verzockt?«

»Nein. Investiert. In einen todsicheren Tipp.«

»Wo ist es jetzt?«

»In Kroatien.«

»Wieso dort?«

»Weil ich uns ein kleines Haus mit Garten gekauft habe. Angeblich soll man sogar das Meer vom oberen Stockwerk sehen.«

»Bist du völlig verrückt geworden?«

Lukas leerte auch das zweite Glas in einem Zug. Danach wischte er sich den Mund mit dem Handrücken ab.

»Ich war noch nie so klar.«

An dieser Stelle kann das Ehepaar ins Nebenzimmer gehen oder in den Garten.

Der Szenen- und Ortswechsel steigert die Spannung.

Lukas kann auch zu einer mitgebrachten Tüte gehen und eine Flasche Sekt herausholen.

Seine Frau war noch immer fassungslos.

»Willst du nicht mit mir feiern?«, fragte Lukas. »Wir können ein neues Leben beginnen, weit weg von all dem, was du so hasst.«

»Du bist verrückt geworden«, wiederholte sie.

Lukas ließ den Korken mit einem Knall aus der Sektflasche fliegen.

»Ist es verrückt, unsere Ersparnisse zu verzwanzigfachen?«

Er kehrte ins Haus zurück und nahm zwei der Sektgläser aus der Vitrine im Esszimmer, die besonderen Anlässen vorbehalten waren.

»Ich wasche sie nicht ab«, sagte seine Frau. »Das musst du machen. Wenn sie zerbrechen, ist es deine Schuld.«

»Weißt du was? Ich habe heute einem Mann, der mich seit Jahren krank macht, das gesagt, was ich ihm schon vor langer Zeit hätte sagen sollen.« Lukas füllte die Gläser. »Es ist Zeit, auch dir zu sagen, was ich dir schon lange sagen wollte.«

Sie griff nicht nach dem Glas, das er ihr hinhielt. Lukas leerte erst sein Eigenes, dann ihres.

»Ich liebe dich noch immer. Auch wenn du kein freundliches Wort für mich mehr übrig zu haben scheinst. Lass uns versuchen, einen neuen Anfang zu finden. An einem neuen Ort.«

Sie starrte ihn mit dünnen, zusammengekniffenen Lippen an.

»Oder wir verabschieden uns. In aller Freundschaft.«

Ende der Szene.

Die Antwort seiner Frau heben wir uns auf. In der nächsten Szene kann ein Telefonat mit ihrer besten Freundin folgen.

Beim Überarbeiten streiche ich oft Teile aus Kapiteln und Szenen, damit die Leser schneller hineingezogen werden oder mit großer Neugier herauskommen.

Du musst die Ein- und Ausstiege also noch gar nicht beim Schreiben der ersten Fassung berücksichtigen und dich damit stressen. Dafür ist später auch noch Zeit.

Notizen für den perfekten Kapitelanfang

....

....

....

....

....

....

....

....

....

....

....

....

....

....

....

PERSPEKTIVE

Ich habe schon geschildert, wie lebendig jede Beschreibung wird, wenn sie durch die Augen einer der Hauptpersonen erfolgt.

Der Blick deiner Figur zählt und wohin er fällt. Dazu kommen die persönlichen Gefühle, die Beschreibungen Saft und Kraft geben.

Innerhalb eines Romans kannst du verschiedene Perspektiven einsetzen.

Spannung kannst du erzeugen, wenn du mitten in einer Szene abbrichst und ein neues Kapitel beginnst, in dem du die Geschehnisse durch die Augen einer anderen Figur weitererzählst, die anwesend ist. Das erzeugt Abwechslung, neue Einblicke und Spannung.

Ein Beispiel aus einem der Krimis *Kaiserin Elisabeth ermittelt*.

Blickwinkel:

o   Kaiserin Elisabeth selbst
o   Ihre Hofdame Ida
o   Oberst Latour, der Erzieher des Kronprinzen

Im **ersten Band** kommen die Blickwinkel des jungen Lehrers Alexander und einer alten Fürstin hinzu.

Im **zweiten Fall** spielen ein Schneider des Adels und der Mann einer ermordeten Gräfin wichtige Rollen. Die Perspektiven von Sisi und Ida bleiben.

Im **dritten Fall** sind die Kaiserin und ihre Hofdame natürlich ebenfalls Hauptpersonen und geben zwei wichtige Blickwinkel. Diesmal aber schildere ich auch aus der Perspektive des Kaisers und eines jungen Polizeibeamten.

Agatha Christie hat etwas geschafft, das ich zutiefst bewundere. Es handelt sich um ein Meisterwerk der Perspektive.

Nach einigen erfolgreichen Büchern hat jemand aus ihrem Bekanntenkreis fallen gelassen, dass man die Täter bei ihr mittlerweile schon im Voraus daran erkennen kann, dass es immer diejenigen sind, die am unwahrscheinlichsten erscheinen. Dieser Leser hat die Behauptung aufgestellt, er könne mit fast hundertprozentiger Sicherheit bereits in der Mitte des Buches den Täter nennen.

Im darauffolgenden Krimi hat Agatha Christie diese Behauptung auf die Probe gestellt. Der Fall wurde nur aus einem einzigen Blickwinkel erzählt. Wir erleben alles aus der Sichtweise des Erzählers und erfahren durch ihn alle Details.

Am Ende stellt sich heraus, dass dieser Erzähler selbst der Mörder ist. Die kurze Zeit, die er in seinem Bericht auslässt und in der er die Tat begeht, ist raffiniert versteckt.

Der oberschlaue Leser soll verloren haben, weil er Agatha Christies Trick nicht durchschaute.

Den Titel des Krimis könnt ihr von mir persönlich erfahren, wenn ihr unbedingt wollt, aber ich verrate ihn an dieser Stelle nicht. Falls euch das Buch durch Zufall unterkommt, will ich euch den Überraschungseffekt am Ende nicht nehmen.

Übrigens gibt es kaum einen Blickwinkel, der noch nicht benutzt wurde. Ihr könnt also auch alles so schildern, wie es ein Hund oder eine Katze erlebt. Von einem Goldfisch habe ich in dieser Rolle noch nicht gehört, möglich ist es aber sicherlich.

Geschehnisse aus der Sicht eines Menschen erzählt zu bekommen und in Kontrast dazu, wie sie ein Hund empfindet und erlebt, gibt tiefen Einblick in Seelen- und Innenleben der Charaktere.

Nimm eine Perspektive ein und beschreibe, was du siehst

....

....

....

....

....

....

....

....

....

....

....

....

ZEIT

In welcher Zeit sollst du schreiben?

Ich kann dir hierzu keinen fachkundigen Rat geben, welche Zeit die beste wäre.

Wenn du dieses Buch liest, wird dir vielleicht aufgefallen sein, dass ich beim Erzählen vor allem das Perfekt, also die Vergangenheit, verwende.

Das vorige Kapitel beginnt mit den Worten: Ich habe schon geschildert, wie lebendig jede Beschreibung wird, wenn sie durch die Augen einer Hauptperson erfolgt.

In einem Roman würde wohl stehen: Ich schilderte schon …

Aus meiner Sicht ist beides möglich.

Aber in diesem Buch spreche ich mit dir und niemand würde sagen: Ich tat das nicht so gerne …

Sondern: Ich habe das nie gerne getan.

In der Gegenwart zu schreiben ist spannend, wird aber von der Leserschaft nicht immer geschätzt. Die Gegenwart gibt allen, die die Geschichte lesen, eine Position der Beobachtung. Es wird nicht über Vergangenes berichtet, sondern du erlebst die Handlung direkt mit.

In welcher Zeit du schreibst, hängt mit deinen eigenen Lesegewohnheiten zusammen. In welcher Zeit sind Bücher geschrieben, die dich begeistern?

Diese Zeit klingt vertraut für dich. Es ist sinnvoll, sie für deine eigene Geschichte zu verwenden. Zumindest bei deinen ersten Schreibversuchen, da es den Anfang einfacher macht. Später kannst du noch immer alle anderen Zeiten ausprobieren.

P.S.: Vermeide, die Zeiten innerhalb eines Kapitels zu wechseln. Das wird die meisten Leser verwirren. Selbst innerhalb einer Geschichte wäre ich damit vorsichtig. Wenn du zwei Handlungsstränge erzählst, von denen einer in der Gegenwart, der andere in der Vergangenheit spielt, können solche Zeitenwechsel Sinn machen. Im Vordergrund sollte aber immer stehen, dass die Leserinnen und Leser in deine Geschichte eintauchen können. Mach es ihnen nicht unnötig kompliziert.

DEIN STIL

Mein Stil war zu Beginn schon vorhanden und irgendwie nicht vorhanden.

Ich habe einfach so geschrieben, wie es sich für mich richtig angefühlt hat.

Von Anfang an war mein Stil geprägt durch Antworten von Kindern auf meine Frage: Wie muss ein Buch sein, damit ihr es lest?

Sowohl in meiner Kindheit als auch in meinem späteren Leben habe ich gerne gelesen. Allerdings war ich sehr kritisch, was Inhalt, Ansprache und Stil anging.

Als Kind habe ich nur Bücher, in denen ich mich wirklich verstanden gefühlt habe, in mein Baumhaus mitgenommen. Bis heute habe ich daher den Anspruch an mich, »Baumhaus-Bücher« zu schreiben.

Ich habe es gehasst, wenn ich die erwachsene Überheblichkeit gespürt habe oder das Gefühl bekam, ich solle belehrt werden.

Als Teenager ging es mir nicht anders. Die sogenannte Literatur, die wir im Deutschunterricht lesen mussten, hat mich in den seltensten Fällen angesprochen.

Englische Literatur aber habe ich geliebt und meine Begeisterung für Bücher und das Schreiben ist bei der Vorbereitung auf meine Matura durch englische Bücher stark gewachsen.

Die Leseliste, von der wir uns aussuchen konnten, was wir wollten, enthielt in Englisch von Shakespeare über Charles Dickens so ziemlich alles, bis hin zu Ian

Fleming, dem Autor von James Bond, und den neuesten Bestsellern aus den USA und England.

Mein Stil ist sicherlich von dieser Literatur geprägt, sowohl sprachlich als auch inhaltlich.

Einer der größten Erzähler der Weltliteratur ist und bleibt für mich Charles Dickens. Er ist Autor von *David Copperfield*, *Oliver Twist* und der weltberühmten *Weihnachtsgeschichte* mit dem geizigen, menschenverachtenden Ebenezer Scrooge und seinem Lieblingswort Humbug. Scrooge wird am Weihnachtsabend von den Geistern der vergangenen, zukünftigen und gegenwärtigen Weihnacht besucht. Sie helfen ihm, sich und sein Leben gründlich zu ändern und den Wert der Herzlichkeit und des Liebevollen zu entdecken.

Unsinnigerweise werden im deutschen Sprachraum Dickens Romane manchmal als Kinderbücher angesehen. Das waren sie nie. Ganz im Gegenteil: Charles Dickens hat mit seinen Geschichten nicht nur berührt und gefesselt, sondern auch die Ausbeutung und unwürdige Behandlung armer Leute an den Pranger gestellt.

Heute gelten die Werke von Dickens als Weltliteratur. Was nur wenige bei uns wissen: Veröffentlicht hat er die Geschichten in Fortsetzungen in einem Wochen- und einem Monatsmagazin. Ging die Auflage hinunter, wurde manchmal angekündigt, dass in der nächsten Fortsetzung jemand stirbt, damit wieder mehr Leute danach griffen.

Charles Dickens war im Laufe der Jahre Eigentümer einiger dieser Magazine. Er musste seine Leserschaft bei der Stange halten, damit sie die Fortsetzung und damit die nächste Ausgabe des Magazins kauften.

Später, nach dem Erscheinen aller Kapitel, wurden sie zu einem Buch zusammengefasst. Seine Frau soll dabei kleinere Ungereimtheiten, die ihm beim monatlichen Schreiben der Fortsetzungen unterlaufen waren, ausgebessert haben. Selbst der große Charles Dickens konnte schon einmal Details vergessen und seine Figuren in späteren Kapiteln anders beschreiben als im vorangegangenen.

Mein Stil ist der Stil, den ich mir selbst in Büchern wünsche. Gebildet hat er sich wohl aus den vielen verschiedenen Arten zu erzählen, die ich im Laufe der Jahre kennengelernt habe.

Dazu kommt meine Freude am mündlichen Erzählen. Mir geht es in Gesprächen weniger darum, Meinungen oder Kommentare abzugeben, als zu berichten, was ich gesehen, erlebt oder erfahren habe. Dabei habe ich immer schon von allein und ohne viel nachzudenken darauf geachtet, die Aufmerksamkeit anderer zu bekommen.

Ich analysiere meinen Stil nicht gerne und deshalb mache ich hier Schluss. Mein Stil entspringt mir, sicherlich meinem Kopf, aber ganz besonders meinem Solarplexus. Zu viel eigene Analyse kann den natürlichen Lauf stören.

Über deinen eigenen Stil solltest du nicht lange nachdenken. Entwickle ihn, indem du schreibst. Und durch viel Lesen. Vertraue auf deine Kreativmaschine im Kopf *UND* im Solarplexus, dem Sitz der Emotionen.

Schreibe, wie es sich für dich gut anfühlt und wie du es selbst gerne lesen möchtest. So entwickelst du auf natürliche Weise deinen eigenen, persönlichen Stil.

Schreibe einen Satz in verschiedenen Stilen

LASS SIE SPRECHEN

Oder: Dialoge.

Deine Geschichte ist eine Bühne, auf der du Personen auftreten lässt.

Im Theater gibt es in den seltensten Fällen Erzähler aus dem *OFF*, also von der Seite, die nicht zu sehen, sondern nur zu hören sind.

ALLES muss über Handlung und Dialog erzählt werden.

Das Theater in meiner zweiten Heimat London hat mich und meinen Stil geprägt. Ich gehe oft und gerne ins Theater und habe dort das meiste über Charaktere, Dialog und Dramaturgie gelernt.

Wieder einmal: Dieser Lernprozess ist individuell und kann bei dir völlig anders sein.

Im Theater, aber auch in Filmen und Serien kannst du gut beobachten, wie eine Figur handelt und spricht und welche Zusammenhänge es gibt. Damit meine ich weniger die Dynamik der Sprache, also laut, leise, schreiend oder flüsternd. Es geht um die Wortwahl und die Form der Sätze.

Mein Bestreben ist es immer, Dialoge so zu schreiben, dass sie unverändert auf die Bühne gebracht werden könnten.

Es gibt und gab Theaterautorinnen und -autoren, die statt Dialogen abwechselnde Monologe schreiben. Die Figuren reden miteinander, aber nicht auf dynamische Art, sondern sie geben lange Statements ab. Das kann seinen Sinn und Zweck erfüllen, aber auch entsetzlich langweilig werden.

Für Dialoge frage dich:

○ Wer spricht? Wer ist meine Figur und welche Sprache erscheint mir am passendsten?
○ Kurze, prägnante Sätze, ab und zu mit Beistrich und Nebensatz? Oder überhaupt nur Hauptsätze? Oder nur einzelne Wörter?
○ Oder eine überlegte, kunstvolle Sprache, mit der jemand seine Bildung ausdrücken will?
○ Was unterscheidet die Sprache einer Figur von der Sprache einer anderen?
○ Gibt es vielleicht eine Angewohnheit, ein oder mehrere Wörter, die eine Figur immer wieder verwendet?
○ Klingen die Sätze pessimistisch, weil die Figur mit dieser Einstellung durchs Leben geht? Oder wendet jemand alles ins Positive?
○ Sagt ein Charakter stets »Ja, aber ...«?
○ Oder ist jemand ablehnend und benutzt oft »Sicher nicht« oder »Ganz im Gegenteil«?

Die Liste kannst du beliebig fortsetzen.

Es hilft, wenn du Menschen genau zuhörst und geistige Notizen zu ihrem Sprechstil machst. Du kannst sie dir dann beim Schreiben vorstellen und die direkte Rede wird fast von allein kommen.

Lass die Figuren vor dem Start des Dialogs ein wenig in deinem Kopf reden. Bekomm ein Gespür für ihre Sprechweise, bis du sie praktisch hören kannst.

Überlege, was der Inhalt des Gesprächs sein soll. Wo beginnt es, wo endet es? Was ist das Ziel deiner Figuren? Wenn es dir hilft, schreibe oben auf die Seite:

A *und* **B** *reden über den Mord und ihre Abscheu für den Mörder.*

Sie wollen auf diese Weise Hinweise auf die Persönlichkeit des Täters finden.

A *ist hektisch und knapp.*

B *hat alle Zeit der Welt und schweift mit den Gedanken ab.*

Wenn du den Dialog später fertig hast, lösch diese Zeilen einfach.

Um herauszufinden, ob der geschriebene Dialog funktioniert, lies ihn dir laut vor.

Stolperst du an einer Stelle beim Lesen?

Klingt eine Formulierung gekünstelt?

Ist es wirklich ein Ping-Pong der Sprache oder zwei Monologe, die aufeinanderprallen?

Besonders hilfreich ist es, den Dialog einer Zuhörerin oder einem Zuhörer vorzulesen. Aber immer nur Menschen, die es wirklich gut mit dir meinen.

Dialoge brauchen Fleisch

Er sagt: …

Sie sagt: …

Er sagt: …

Sie sagt: …

So kann ein Dialog lauten.

Aber wer von uns steht einfach nur einer anderen Person gegenüber und gibt Statement nach Statement ab?

- Wir sind immer an einem Ort.
- Wir haben immer eine Stimmung.
- Wir tun fast immer etwas, während wir reden.

Du kannst beim Schreiben oft wählen, wo und unter welchen Umständen ein Gespräch stattfinden soll. Ort und Stimmung machen einen großen Unterschied.

Stell dir folgende Szene vor:

Ein Unternehmer, der eine Expertin überreden will, in seinen Betrieb zu wechseln, der sie also abwerben will, kann sie in sein Büro einladen.

Nicht schlecht.

Er kann sie aber auch zu einem Spaziergang im Park treffen.

Da tut sich schon mehr.

Oder er bittet sie zu einem Mittagessen in das Extrazimmer eines angesagten Restaurants und bestellt dort das beste und teuerste Menü.

Du kannst den Dialog schreiben und dazu jeden Gang schildern, der serviert wird. Du kannst sogar die Speisekarte so gestalten, dass sie die Stimmung unterstreicht.

Das gleiche Gespräch an verschiedenen Orten kann für deine Leserschaft entweder zu einer Beobachtung der Natur werden oder zu einem wahren Festessen.

Andere Situation

Ein Mitarbeiter hat beschlossen zu kündigen, da die Zustände in der Firma für ihn nicht akzeptabel sind.

Das Gespräch mit seinem Chef oder dem Personalchef kann in einem Büro hinter verschlossenen Türen stattfinden.

Oder am langen Besprechungstisch, an dem der Chef thront wie der Sonnenkaiser und alle vor ihm zittern. Unsere Hauptperson aber hat nicht nur genug, sondern auch beschlossen, dass sie auf Geld und Position pfeift und den Beruf wechselt. Dieser Mensch hat nichts zu verlieren.

Am Beginn der Sitzung sieht es noch aus, als würde die übliche Tortur ablaufen, dann aber erklärt die Hauptperson in klaren Worten, was hier alles nicht stimmt.

Der Chef bekommt den üblichen dicken Hals, will schon auf den Tisch hauen und erklären: »Sie sind gefeuert!«

Da steht die Hauptperson auf und sagt seelenruhig: »Ich kündige.«

Gleicher Inhalt, aber so viel mehr Dramatik.

Du kannst also auf dem oberen Seitenrand auch notieren:

Das Gespräch findet in einem belebten Café statt. Ständig gehen Leute vorbei, was die beiden unterbricht.

A hat Apfelstrudel bestellt und der Kellner fragt ihn mehrere Male, ob mit oder ohne Vanillesoße.

B ist nervös und kann sich nicht erinnern, ob er/sie schon Zucker in den Espresso gegeben hat.

Mit diesen kleinen Hilfestellungen verleihst du deinen Dialogen und Gesprächssituationen Leben. Somit wird nicht nur wichtig, was gesprochen wird, sondern auch wo, wann und wie.

Suche Situationen für Dialoge

Sammle Orte, an denen Gespräche stattfinden können.

Nicht nur »Wohnung«, »Schule« oder »Büro«.

Welche Orte fallen dir ein oder kommen dir unter, wo Gespräche spannend, schwierig, kulinarisch, geheim und so weiter sein können?

Wähle ein Thema, das in deiner Geschichte vorkommt. In welchen Situationen könnte das Gespräch oder der Dialog stärker werden und mehr »Fleisch« bekommen?

- ₀ Was tun Menschen beim Sprechen?
- ₀ Was tun Menschen beim Zuhören?
- ₀ Wie merkst du, dass jemand nicht zuhört?

Schreibe deine Beobachtungen auf und mache eine Liste.

Schreibe eine Liste deiner Beobachtungen

....

....

....

....

....

....

....

....

....

....

....

....

....

....

....

....

....

....

....

....

....

....

....

....

....

....

....

....

LERNEN VON DEINEN BESTEN

Weil es mir so wichtig erscheint, hier noch einmal zur Erinnerung:

- Schreiben bist *DU*.
- Dein Stil ist am besten, wenn er *DIR* entspricht und aus *DIR* kommt.
- *DEIN* erstes Publikum bist ebenfalls *DU*.
- Unkritisch und selbstverliebt, auch das bist *DU* – vielleicht.

Na und? Besser du lobst dich und machst dir Mut, als du machst dich fertig. Als Kick zum Starten ist es in Ordnung, dann aber heißt es verbessern, verfeinern und lernen, lernen, lernen.

Menschen, die sich als Schreib-Gurus ausgeben und versprechen, dir die perfekte Anleitung zum perfekten Roman zu geben, der garantiert verlegt und ein Hit wird, sind mir unheimlich.

Die erste Frage, die ich solchen Leuten stellen möchte: Was hast du schon alles geschrieben und welche Erfolge hast du damit gehabt?

Es gibt zahlreiche Tricks, die einen Text ausdrucksstärker, glaubwürdiger und spannender machen, aber schreiben nach Rezept funktioniert nur sehr bedingt.

Wer gerne kocht, probiert Rezepte aus. Beim nächsten Mal werden Menschen, die das Kochen mit Liebe und Leidenschaft betreiben, vielleicht ein wenig bei den Zutaten variieren oder ihre persönlichen Gewürze und Verfeinerungen beifügen.

So funktioniert das Schreiben auch, finde ich. Was ich dir hier gebe, sind Anregungen, Tipps und Erfahrungen, die dich anspornen und inspirieren sollen, aber nicht verkrampfen und hemmen.

Mein Standardsatz:

Wer schreiben will, der schreibt!

Wer etwas geschrieben hat, kann es überarbeiten und verbessern.

Vor allem aber wirst du beim Schreiben spüren, wie du manchmal nicht genau weißt, wie du etwas ausdrücken kannst.

Ein einfaches Beispiel: Was füge ich in Dialogen nach der direkten Rede an?

»So will und kann ich nicht mehr«, sagte Jonathan.

Klingt das nicht zu schwach? Außerdem kommt in einem Dialog dann zehn Mal »sagte« vor und ich kann Wortwiederholungen nicht ausstehen.

Mein Projekt hieß: Wie machen es die anderen? Wie behandeln andere diese Herausforderungen? Mit *andere* meine ich Menschen, deren Bücher ich gerne lese.

Interessanterweise bemerkt man beim Lesen diese sogenannten Inquit-Formeln gar nicht. Der Text fließt, meine Augen wandern, in meinem Kopf laufen die Bilder ab und ich höre die Stimmen der Figuren.

Erst wenn ich mir vornehme, zu erforschen und zu analysieren, wie etwas funktioniert, bemerke ich die Feinheiten eines Textes. Der Auftrag lautet: Schau dir an, welche Ausdrücke jemand in Dialogen verwendet und wieso du beim Lesen immer weißt, wer spricht oder gemeint ist.

Wie ich herausgefunden habe, gibt es viele Möglichkeiten, den Satz »*So will und kann ich nicht mehr, sagte Jonathan*« auszudrücken.

»So will und kann ich nicht mehr!«, rief Jonathan.

Oder:

»So will und kann ich nicht mehr.« Jonathan knallte die Tür zu.

Oder:

Jonathan kam langsam näher, den Kopf gesenkt wie ein angriffslustiger Stier.
»So will und kann ich nicht mehr.«

Oder:

Jonathans Stimme war nur ein Flüstern. »So will und kann ich nicht mehr.«

Oder:

Sie sah Jonathan fest in die Augen. Er wich ihrem Blick nicht aus. Mit einer Ruhe, die ihr Angst machte, sagte er: »So will und kann ich nicht mehr.«

Oder:

»Du musst dich ändern. Ich mache so nicht weiter«, erklärte sie und sprang auf.

Jonathan blieb gelassen. »So will und kann ich nicht mehr.«

Damit hatte sie nicht gerechnet. »Was soll das heißen?«

»Es soll heißen, dass ich so nicht weitermache.«

Sie riss die Augen auf. »Moment, ich bin hier nicht das Problem. Du bist es.«

Nach einer Pause, die sich quälend in die Länge zog, stand er auf und ging zur Tür. Langsam drehte er sich um. »Du suchst die Probleme immer nur bei anderen. Aber dabei spiele ich nicht mehr mit. Ist das klar?«

Ohne ihre Antwort abzuwarten, verließ er das Zimmer. Frag deine Lieblingsbücher!

Was Schilderungen von Schauplätzen und Personen angeht, funktioniert es genauso.

Wie kannst du Emotionen der handelnden Personen am besten ausdrücken, ohne platt zu werden?

Welche anderen Wörter gibt es für einen Begriff? (Du kannst auch das Programm Thesaurus verwenden. Aber ein Beispiel in Texten zu finden, die du magst, ist eindrucksvoller und stärker.)

Lerne von den Besten. Die Besten für dich sind Autorinnen und Autoren, die du schätzt und gerne liest. Natürlich kannst du dich dafür interessieren, was du darüber hinaus lernen kannst, aber das ist die nächste Stufe.

Ein wichtiger Grundsatz beim Schreiben: eine Stufe nach der anderen. Nimmst du zu viele auf einmal, gerätst du ins Stolpern.

ALLE GUTEN GESCHICHTEN
SIND DREI ...

Dieses Kapitel handelt von den drei Akten, die Geschichten – egal ob im Buch oder im Film – fast immer haben. Oder haben sollen.

Ich bin kein Experte und es gibt jede Menge anderer Bücher, die diese drei Akte bis ins kleinste Detail beschreiben. Für meine persönliche Arbeit hat sich die grundsätzliche Idee, die dahintersteckt, als wichtig und hilfreich erwiesen.

Erster Akt:

Eine Person wird aus ihrem gewohnten Leben in eine Situation befördert, die alles oder vieles verändert.

Zweiter Akt:

Nun gilt es mit dieser neuen Situation umzugehen. Es gibt Entwicklungen und Verwechslungen, Gegenwind und Rückenwind. Vor allem aber eine Herausforderung nach der anderen, die bewältigt werden will.

Es sieht schon recht gut aus, aber dann ...

Dritter Akt:

Die Handlung nimmt eine dramatische Wendung. Es heißt nun: alles oder nichts. Die Kuh schien schon vom Eis, nun aber ist sie eingebrochen. Kann sie rausgezogen werden? Wie wird sie sich ans Ufer retten?

Drei Akte kommen bereits in Märchen vor, die zuerst nur mündlich weitergegeben wurden. Diese Struktur ist also eine »Technik«, die in gewisser Weise »natürlich« in uns steckt.

Schneewittchen

Akt 1:

Die schöne Königstochter soll vom Jäger im Wald erschossen werden, weil sie schöner ist als ihre Stiefmutter. Der Jäger aber erbarmt sich und lässt sie leben. Hurra!

Akt 2:

Schneewittchen irrt herum und kommt zum Haus der sieben Zwerge. Sie findet in ihnen neue Freunde und Erfüllung, indem sie sich um die Zwerge kümmert.

Die böse Stiefmutter aber erfährt von ihrem magischen Spiegel, dass Schneewittchen noch lebt. Sie muss für alle Zeiten beseitigt werden, damit es keine Schönere mehr gibt.

Die böse Stiefmutter geht verkleidet zum Haus der Zwerge und gibt Schneewittchen einen vergifteten Apfel. Ein Biss und Schneewittchen sinkt zu Boden.

Scheinbar tot.

Akt 3:

Die Zwerge trauern um Schneewittchen. Sie legen sie in einen Sarg aus Glas. Die böse Stiefmutter hat gewonnen.

Dann aber taucht ein Prinz auf und verliebt sich in das tote Schneewittchen im gläsernen Sarg. Er nimmt den Sarg mit, die Träger stolpern, Schneewittchen wird durchgerüttelt und das giftige Apfelstück wird aus ihrem Hals herausgestoßen. Sie erwacht.

Happy End für den Prinz und sie.

Die böse Stiefmutter findet auf unterschiedliche Arten ihr Ende. Entweder zerspringt sie vor Zorn oder muss in Schuhen mit glühenden Sohlen tanzen, bis sie umfällt.

Liebesbrief an Unbekannt

Mein Liebesroman *Liebesbrief an Unbekannt* hatte auch drei Akte. Es ist aber nicht so, dass ich konstruiere und plane. Die Akte ergeben sich beim Schreiben. Ihre wichtigsten Grundsätze sind in meinem Hinterkopf verankert und leiten die Gedanken fast von allein.

Mein Gespür meldet, wann der erste Wendepunkt kommen soll, damit der Anfang der Geschichte nicht zu lang wird.

Genauso habe ich einen inneren Alarm, der mir sagt, dass es Zeit für den Wendepunkt, den »Point of no return« ist.

Akt 1:

Emma leitet eine kleine Frühstückspension in Brighton an der englischen Südküste. Sie ist vom Leben und der Liebe enttäuscht und wird von ihrer Familie als Versagerin betrachtet.

In ihrer Verzweiflung und Einsamkeit beginnt sie, Liebesbriefe an den Mann zu schreiben, den sie noch nicht kennt, aber den sie sich eines Tages im Leben wünscht. Sie hofft, ihn so anzuziehen.

Der große Wendepunkt: Sie findet im Briefkasten eine Antwort auf einen dieser Briefe, die niemand außer ihr sieht und die sie in der Schreibtischschublade eingesperrt hat. Wie ist das möglich?

Akt 2:

Wer ist der große Unbekannte?

Ist Emma überhaupt schon bereit für die Liebe?

Verschiedene Männer tauchen in ihrem Leben auf und Emma rätselt, wer von ihnen die Liebesbriefe schickt.

Sie will aber auch Nachhilfe in Sachen Sex und erlebt mit den verschiedenen Männern einige Pleiten.

Im zweiten Akt lernt die Leserschaft (aber Emma noch nicht!) den heimlichen Briefschreiber kennen. Er ist obdach- und arbeitslos. Und seine persönliche Lebensgeschichte lastet schwer auf ihm.

Emma schreibt weiter Briefe und bekommt Antwort nach Antwort.

Eines Tages dann der Vorschlag: Treffen wir uns doch. Lernen wir uns kennen.

Er willigt ein.

Akt 3:

Das Treffen rückt näher und näher.

Vorbereitungen, Hoffnungen, Erwartungen und viele Ängste auf beiden Seiten. Jede Menge Hindernisse tauchen auf. Es scheint erst nicht zum Treffen zu kommen, dann aber klappt es doch. Das heißt: eigentlich nicht. Ein fürchterlicher Unfall. Alles ist aus und vorbei.

Wochen und Monate verstreichen. Emmas Erlebnisse waren nicht umsonst. In ihrem Leben hat sich einiges verändert. Nur *ER* fehlt ...

Wird es ein Happy End geben? Dafür müsst ihr das Buch schon selbst lesen.

Das Phantom der Oper

Im Musical *Das Phantom der Oper* gibt es sogar einen Song, der im englischen Original *The Point Of No Return* heißt und diesen entscheidenden Punkt in der Handlung gut festlegt.

Akt 1:

Das Phantom terrorisiert die Oper und hat sich in Christine verliebt.

Christine springt ein, als die Sängerin einer Hauptrolle ausfällt, und hat Erfolg. Gleichzeitig trifft sie auf ihre Jugendliebe, Raoul.

Wendepunkt 1: Das Phantom entführt Christine am Höhepunkt ihres Triumphes in sein unterirdisches Reich.

Akt 2:

Christine lernt den Ort am See unter dem Opernhaus kennen, wo das Phantom lebt und komponiert.

Zuerst reagiert sie geschockt, wird dann aber neugierig. In einem Moment der Unaufmerksamkeit des Phantoms nimmt sie ihm die Maske ab und sieht sein entstelltes Gesicht.

Sie kennt nun sein Geheimnis. Sie spürt, dass die Geschichte des Phantoms sie nicht mehr loslassen wird. Auch wenn es sie wieder nach oben bringt.

Nun setzen die Konflikte ein zwischen den bisherigen Stars der Opernbühne und Christine und Raoul. Die Direktoren werden vom Phantom erpresst, um Christine die Hauptrolle im nächsten Stück zu geben.

Die Liebe zwischen Raoul und Christine vertieft sich.

Als das Phantom die beiden Verliebten beobachtet und belauscht, fühlt es sich betrogen und lässt den Kristalllüster auf die Bühne stürzen.

Akt zwei ist aber damit noch nicht zu Ende, denn das Phantom verschwindet eine Weile und kehrt erst beim großen Maskenball der Oper zurück. Es hat eine Oper geschrieben, die aufgeführt werden muss, mit Christine in der weiblichen Hauptrolle.

Raoul fasst den Plan, dem Phantom eine Falle zu stellen. Es wird sicherlich zur Uraufführung kommen. Er rechnet damit, dass das Phantom wie immer in Loge fünf sitzen wird. Der Plan reicht so weit, dass Polizisten im Notfall den Schießbefehl bekommen. Das Phantom darf nicht entwischen.

Doch es kommt anders: Das Phantom bringt heimlich den Sänger der Hauptrolle um und erscheint an seiner Stelle auf der Bühne, die große Kapuze eines schwarzen Umhangs so tief ins Gesicht gezogen, dass es zuerst nicht erkennbar ist.

Christine durchschaut die Maskerade, weiß aber nicht, wie sie sich verhalten soll.

The Point Of No Return heißt der Song, den das Phantom an dieser Stelle singt. Es fordert darin auf offener Bühne eine Entscheidung. Es reicht Christine einen Ring und bittet sie, seine Frau zu werden.

Akt 3:

Der dritte Akt setzt ein. Es geht nun um alles. Sagt sie Ja zum Phantom und Nein zu Raoul?

Als die versteckten Wachen auftauchen, gelingt dem Phantom die Flucht. Christine nimmt es mit in sein unterirdisches Versteck. Wie die Handlung weitergeht, habe ich in einem vorangegangenen Kapitel schon beschrieben.

Die drei Akte sind kein *MUSS*. Manche reden auch von fünf und andere meinen, man solle gar nicht daran denken und einfach erzählen.

Ich finde die Akte sehr hilfreich, weil sie ein Grundgerüst bilden.

Du kannst sie dir vorstellen wie drei Boxen. Eine kleinere Erste, eine Zweite, die mindestens dreimal so groß ist, und eine Dritte, ungefähr so groß wie die Erste.

Wenn du sie mit Handlung befüllst, kannst du sehen, ob dein Aufbau zu Beginn zu lang ist, was langweilen kann.

Du kannst kontrollieren, ob du genug Handlung für den Mittelteil hast, der deutlich länger ist und zu einem Höhepunkt hinsteuern soll, der das Gefühl erweckt, als wäre alles verloren und vorbei.

Dann das Finale, nicht zu kurz, aber auch nicht länger als der erste Akt.

Wenn du anfängst zu schreiben, sind alle diese Techniken wie Sicherungsseile beim Klettern: Sie helfen, dass du nicht abstürzt und dich so frei wie möglich bewegen kannst.

LIES
GEH INS KINO
SCHAU FILME ZU HAUSE

Kannst du drei Akte erkennen?
  Beschreib sie in aller Kürze.

Titel: ....

Akt 1

  Der Wendepunkt ist:

  ....
  ....
  ....

Akt 2

  Wichtig ist in diesem Akt:

  ....
  ....
  ....

Der Wendepunkt zu *Akt 3* ist:

  ....
  ....
  ....
  ....
  ....

Worum geht es jetzt? Was steht auf dem Spiel?

Wieso könnte man meinen, die Sache gehe für die Hauptperson schlecht aus?

....

....

....

....

....

....

....

Ausklang:

....

....

....

....

....

....

....

....

....

....

....

....

....

....

....

....

AM ENDE WIRD ...

Welches Ende ist das beste Ende einer Geschichte?

Meine Antwort: das unerwartete Ende.

Egal, ob gut oder schlecht. Gelingt es dir zu überraschen, wird die Geschichte sicherlich mehr in Erinnerung bleiben, als bei einem Ende, das zu erwarten war.

Ein eindrucksvolles Beispiel ist für mich der Roman *Ein ganzes halbes Jahr* von Jojo Moyes.

Es ist die Geschichte von Louisa Clark, die ihren Job in einem Café verliert und eine neue Stelle als Assistentin des launischen und depressiven Rollstuhlfahrers Will Traynor antritt. Er will nach sechs Monaten in einer Sterbeklinik seinem Leben ein Ende setzen.

Louisa und er kommen einander näher und sie versucht ihm zu beweisen, wie lebenswert sein Leben ist.

Beim Lesen wünschst du dir nur eines: Will möge kapieren, wie recht Louisa hat, und ihre Liebe erwidern. Er soll seinen Entschluss nicht durchführen und die Beziehung mit ihr fortsetzen. Sie genießen die Zeit miteinander ohne Zweifel. Wieso sollte er also gehen und sie verlassen, wieso will er sein Leben beenden?

Will bleibt bei seinem ursprünglichen Vorhaben. Ein Leben im Rollstuhl scheint ihm nicht erträglich.

Beim Lesen stockt dir der Atem. Du willst ins Buch schreien, du willst Will schütteln und zur Vernunft bringen. Du fühlst Louisas Verzweiflung und Trauer.

Nein, damit haben die meisten, die das Buch gelesen haben, nicht gerechnet. Deshalb ist die Geschichte auch so aufwühlend. Sie wurde zu einem großen Erfolg in vielen Ländern.

Hätte das Buch auch mit einem Happy End funktioniert, mit einer Heirat von Louisa und Will?

Vielleicht.

Es ist Spekulation und niemand weiß es. Dieses nicht nur unerwartete, sondern auch unerwünschte Ende hat den Roman zu etwas Besonderem gemacht.

Die Geschichte führt vor Augen, wie machtlos wir manchmal sind.

Sie ist ein Beispiel, wie wenig wir gegen den Willen eines anderen Menschen ausrichten können.

Sie stellt die Frage, was Liebe wirklich ist.

Bedeutet sie in diesem Fall nicht vor allem, Wills Entschluss und Wunsch zu respektieren und ihn gehen zu lassen?

Das Ende wühlt auf und lässt betroffen zurück. Will vermacht Louisa ein beträchtliches Vermögen, mit dem sie ein gutes Leben führen kann. Es tröstet weder sie noch die Leserschaft über den Verlust hinweg. Trotzdem ist es eine Wende, die ebenfalls unerwartet kommt.

Das Ende einer Geschichte, eines Romans, soll etwas Unerwartetes bringen. Bei Krimis sind es auch die Auflösungen, mit denen man nie gerechnet hätte, über die man später spricht. Was ein Ende aber niemals sein darf, ist *ERZWUNGEN*, konstruiert und aufgesetzt.

Auch wenn es überrascht, soll es sich natürlich anfühlen und nachvollziehbar sein, mit Aha-Erlebnis. Niemals soll jemand beim Lesen denken: Hahaha, an den Haaren herbeigezogen, so ein Quatsch, lass mich in Frieden.

Kann ein glückliches Ende auch ein unerwartetes Ende sein?

Ja. Vor allem wenn du davor eine Geschichte erzählst, die lange Zeit ein gutes Ende absolut unmöglich erscheinen lässt.

Kann ein Ende auch nur deshalb gut ausfallen, weil du dir in deiner Geschichte ein Happy End wünschst?

Klar! Du solltest dir dann nur die Frage stellen, ob das *HAPPY* im *END* nicht vielleicht ein wenig zu einfach und glatt gekommen ist. Das nämlich langweilt beim Lesen und fühlt sich an wie Zuckerwatte. Sie ist süß, schmilzt im Mund, macht Spaß, aber sie hinterlässt keinen großen Nachgeschmack. Nach dem Essen ist sie fort.

Eine starke Geschichte setzt einen Funken ins Herz, eine kleine Erinnerung in den Kopf oder macht so wütend, dass du das Buch gegen die Wand schleudern willst.

Gleichgültig aber sollte kein Buch seine Leser zurücklassen.

FERTIG

Es gibt viele große Momente im Leben:

- ○ Geburt
- ○ Erster Schultag
- ○ Erster Kuss
- ○ Schulabschluss
- ○ Erstes Gehalt am Konto
- ○ Heirat
- ○ Geburt eines Kindes

In deinem Fall ist ein großer Moment ganz sicherlich: das letzte Wort deines Buches zu schreiben.

Du kannst *ENDE* darunterschreiben.

Ich mache immer fünf Sterne.

Erschöpfung kann sich breitmachen.

Eine Leere kann entstehen.

Du verstehst nicht, wieso du keine Freude verspürst.

Endlich hast du geschafft, was du dir so sehr gewünscht hast. Und jetzt hängst du einfach nur herum. Wie kann das sein? Was hast du falsch gemacht?

Die Antwort: Nichts! Alle diese Symptome sind völlig normal und weit verbreitet.

Die Vorfreude auf das Fertigwerden ist oftmals schöner als das Fertigwerden. Wie Weihnachten!

Gleich nach den letzten Wörtern kann der Zweifel losgehen und dich fragen, ob das, was du da geschrieben hast, nicht der größte Mist aller Zeiten ist.

Du warst so an das Schreiben und das ständige Ausschöpfen deines Innersten gewöhnt, dass es dir nun fehlt und du dich leer und nutzlos fühlst.

Zwinge dich, zu feiern. Ich will dich nicht zu Alkohol verführen, aber wenn dir danach ist, dann schenk dir etwas ein und stoße an. Es kann auch ohne Alkohol sein, selbstverständlich.

Stoße mit dir an. Im Spiegel von mir aus. Proste dir zu und gratuliere dir, dass du so viel Disziplin aufgebracht hast, deine Idee in Worte zu gießen.

Natürlich kannst du auch mit einem Menschen feiern, der dir nahesteht. Trotzdem vergiss nicht auf ein gehöriges Maß an Eigenlob. Du hast es dir wirklich verdient.

Wenn dir nach Eisessen ist oder nach Kuchenbacken zur Feier des Tages, dann tu das. Aber feiere!

Dieser Moment des Fertigwerdens ist *JETZT* da, nicht in einer Woche oder nächstes Wochenende. Genieße ihn, fühle ihn, nimm ihn auf.

Es kommt noch ein Berg an Arbeit auf dich zu, der dich vielleicht weniger erfreuen wird als das Schreiben des ersten Entwurfs. Du kannst also jede Motivation gebrauchen.

Lob ist wie Schmieröl, das die überarbeiteten Gehirnzellen wieder in Bewegung setzt.

Nach dem Schreiben

... geht's erst richtig los

Wie viel muss ich überarbeiten?
Wann ist die Geschichte fertig?
Wie kann das Buch erscheinen?
Lektorat
Wie erfahren die Menschen von meinem Werk?
Die perfekte Lesung
Der beste und der schlechteste Ausgang
des Abenteuers Schreiben
Und dann das Wichtigste!

WENN ICH DIE ERSTE
FASSUNG FERTIG HABE

Zuerst einmal feiere ich, wie im vorangegangenen Kapitel beschrieben.

Und dann schicke ich das rohe Manuskript per E-Mail an meinen Lektor.

Es ist ein Glücksfall, dass wir diese Arbeitsvereinbarung haben. Das gilt übrigens auch für meinen Verleger, der Zwischenstufen des Manuskripts liest und dazu sehr taktvolle, klare Bemerkungen abgibt, die auch mal sehr kritisch klingen können, aber niemals verletzend sind oder mich dazu bringen, dass ich nicht weitermachen will. Ganz im Gegenteil.

Mein Hauptlektor ist jung, gebildet, belesen, voller Energie und Leidenschaft. Vor allem ist er nicht eitel und hat keinen Hang zur Selbstverwirklichung. Ihm liegt ausschließlich daran, aus meiner Geschichte und dem Manuskript das Beste zu machen.

In meinem Leben hatte ich schon viele Lektorinnen und Lektoren. Meine Beobachtung ist, dass sie mit den Berufsjahren und der Erfahrung mehr Ruhe und Respekt vor Autor und Text bekommen. Menschen, die erst kurz in diesem Beruf arbeiten, wollen beweisen, was sie alles auf der Uni oder einer Fachschule gelernt haben. Leider schießen sie dabei manchmal über das Ziel hinaus oder glauben, auf theoretische Kenntnisse vertrauen zu können, die sich gut im Lehrbuch lesen und ausgezeichnet abprüfen lassen, aber in der Praxis nicht querbeet und im Gießkannen-Prinzip über alle Manuskripte und bei allen schreibenden Menschen angewandt werden können.

Mein Rat aus leidvoller Erfahrung: Suche immer einen guten Weg mit den Lektorinnen und Lektoren, die deine Werke betreuen. Krieg und Aggression bringen selten etwas. Einverständnis aber führt weiter. Natürlich kannst du beinhart auf deinem Text und deiner Meinung beharren, aber nicht stur, sondern nach einer konstruktiven Auseinandersetzung über die verschiedenen Auffassungen.

Nun zurück zu meinem derzeitigen Lektor, der seit einigen Jahren alle meine Bücher für Erwachsene lektoriert und auch zahlreiche Kinderbücher. Egal, ob Prosatext oder Reimform, er vertieft sich in jeden Stil.

Die erste Fassung liest er innerhalb weniger Tage und gibt dann Feedback zur groben Struktur, zu einzelnen Charakteren und zur Geschichte selbst.

Da er Stil hat und Menschen mag, drückt er das, was ihm am Text gefällt, mindestens ebenso lang aus, wie Anmerkungen, wo Überarbeitung nötig ist.

Im Falle von *Sisi* 2 hatte er einen größeren Verbesserungsvorschlag: Das Finale erschien ihm zu wenig spannend und unglaubwürdig, das Ende zu abrupt.

Mit den Kommentaren ausgestattet, starte ich meine persönliche Überarbeitung für die zweite Fassung. Dabei lese ich das Manuskript von vorne nach hinten durch, sehr oft auch laut, verbessere und ändere.

Mein Augenmerk gilt der Sprache der Dialoge, dem Aufbau der einzelnen Szenen, den allgemeinen Texten, Kürzungen und/oder dem Schreiben zusätzlicher Zeilen oder Kapitel.

Die Änderungen, die mein Lektor vorschlägt, setze ich um.

Je nach Seitenanzahl dauert diese erste Überarbeitung ein paar Tage oder ein paar Wochen.

Wieder geht das Manuskript zum Lektor, der nun Seite für Seite durchsieht und Hinweise auf den Fluss der Geschichte, Klarheit, Beschreibungen und Details von Figuren und Schauplätzen gibt. Seine Kommentare trägt er elektronisch ein.

Der Text wird in diesem Durchgang auch schon auf Formulierungen, Wortwiederholungen (die ich nicht will), Dialoge und Stimmigkeit lektoriert. Eventuelle Änderungen sehe ich andersfarbig markiert und kann sie übernehmen oder von meiner Seite aus erneut überarbeiten.

Es folgen weitere Durchgänge, die manchmal nur spezielle Passagen und Kapitel betreffen.

Damit es kein Missverständnis gibt: Auch in meinen anderen Verlagen habe ich großartige Fachleute, mit denen ich gerne zusammenarbeite und die ich ebenso sehr schätze. In den letzten Jahren haben sich die besten Teams meines Lebens aufgebaut.

Zurück zu meiner Bereitschaft, zu überarbeiten und zu ändern. Bin ich nicht der »große Thomas Brezina«, Autor von mehr als 600 Büchern, die sich Millionen Mal verkauft haben und in mehr als vierzig Ländern gelesen werden?

Ja, der bin ich.

Und mein Grundsatz lautet: Die bessere Idee ersetzt die gute.

Ich lasse sicher nicht zu, dass im Lektorat meine Geschichte »zurechtgestutzt« wird oder »getrimmt«, weil »man« das so macht.

Vertrauen und Achtung vor der Geschichte sind die Grundlage für die Zusammenarbeit.

Wenn mir etwas gar nicht einleuchtet, wenn ich finde, dass Lektor oder Lektorin hier einer irrigen Idee nachlaufen, dann wehre ich mich. Klar.

Wenn ich Biografien lese von lebenden Bestsellerautorinnen und -autoren, finde ich immer wertschätzende Zeilen über ihre Agentinnen und Agenten und/oder Menschen im Lektorat. Ein englischer Krimi-Autor hat bei einer Dokumentation über seinen Schreibprozess mitgemacht. Seine Lektorin trägt ihre Anmerkungen und Änderungsvorschläge per Hand ein und markiert die Seiten mit Post-its.

Es war für mich sehr beruhigend zu sehen, wie viele bunte Zettel zwischen den Seiten herausragen und dass manche Seiten nach dem Lektorat wie ein zu streng korrigierter Deutsch-Aufsatz in der Schule aussehen.

Was man verbessern kann, sollte man besser machen. Alle, die mit dem Buch in Kontakt kommen, werden es danken, auch wenn sie Aufwand und Umfang dahinter nicht kennen.

Das Korrektorat auf Rechtschreibfehler und Beistrichsetzung ist natürlich auch wichtig. Eine Korrektorin oder ein Korrektor wird das fertige Manuskript, das von meinem Lektor und mir abgesegnet ist, noch einmal gründlich durcharbeiten.

Und wieso finden sich trotzdem immer noch Fehler in Büchern?

Weil Menschen arbeiten, und Menschen machen Fehler. Manchmal wurde ein Tippfehler sehr wohl ausgebessert, schleicht sich aber in einer späteren Fassung wieder ein und wird übersehen.

Natürlich möchte ich, dass meine Bücher fehlerfrei sind. Bei Kinderbüchern wird darauf besonders streng geachtet, schließlich soll ein Kind keine falsche Rechtschreibung lernen.

Aber wie gesagt: Menschen sind nicht unfehlbar.

Wenn es die Zeit erlaubt und ein Manuskript ein paar Wochen liegen kann, bevor ich es endgültig bearbeite, so ist das von Vorteil. Manches entdecke ich erst mit Abstand.

Was tun ohne Lektorat?

Bei deinen ersten Manuskripten hast du wahrscheinlich noch kein Lektorat.

Es gibt Lektorinnen und Lektoren, die freiberuflich ihre Dienste anbieten, um dein Werk zu betreuen. Das kostet Geld. Ob du das investieren willst, ist deine Entscheidung.

Wenn du auf ein solches Lektorat zurückgreifst, sieh dir die Person genau an. Frage, für welche Verlage sie/er schon tätig war und welche Bücher sie/er betreut hat. Wenn du dein Baby jemandem anvertraust, willst du sicher sein, dass es in guten Händen ist. Vor allem willst du nicht auf Leute hereinfallen, die den Prozess künstlich in die Länge ziehen und vielleicht behaupten, dein Werk brauche umfangreiche Überarbeitung, weil sie auf diese Weise mehr verdienen können.

Wenn du dir das Lektorat nicht leisten kannst oder willst, überarbeite dein Manuskript selbst, wie ich es im vorigen Kapitel beschrieben habe. Durchlesen, am besten laut, und verbessern, was dir noch nicht gefällt.

Hast du Menschen, denen du vertraust und die es wirklich gut mit dir meinen? Lass ein oder zwei Personen dein Werk lesen und bitte sie um Kommentare.

Die Betonung liegt auf Kommentar.

Ihre Meinung ist persönlich gefärbt und es gibt eine große Menge an Menschen, denen Weltbestseller nicht gefallen, weil sie einfach nicht ihr Geschmack sind.

Kommentar bedeutet, du bekommst von Menschen, die deine Geschichte lesen, Anmerkungen, was ihnen aufgefallen ist. Das kann den Aufbau oder die Glaubwürdigkeit betreffen, den Spannungsbogen oder die Figuren.

Solche Kommentare können hilfreich sein. Bitte sie, dein Manuskript oder deine Textstellen daraus nicht bloß mit »gut« oder »schlecht« zu kommentieren, sondern Gründe zu nennen, warum aus ihrer Sicht etwas noch nicht funktioniert. So werden ihre Kommentare konstruktiv und ihr schafft eine gemeinsame Gesprächsgrundlage.

Wann ist eine Geschichte fertig?

Wenn ich mir heute Bücher durchlese, die ich vor dreißig Jahren geschrieben habe, fallen mir viele Dinge auf, die ich nun anders schreiben würde.

Es ist auch dreißig Jahre später und ich bin dreißig Jahre weiter und habe dreißig Jahre lang Erfahrung gesammelt und gelernt.

So gesehen ist kaum ein Buch jemals fertig.

Es kommt ein Punkt beim Überarbeiten, an dem hast du das Gefühl, wirklich dein Bestes gegeben zu haben, das du in diesem Moment geben kannst.

Wenn dir deine Geschichte noch immer gefällt und du selbst gerne darin liest, bist du sicherlich weit mit ihr gekommen.

Es gibt keine messbare Definition, wann eine Geschichte fertig ist. Du musst dich auf dein Gefühl verlassen.

Kleiner Tipp: Wenn du das Manuskript ein paar Monate liegen lassen kannst und dann noch einmal durcharbeitest, erkennst du mit großer Treffsicherheit, ob du noch viel verändern möchtest oder vorläufig einmal einen dicken Punkt ans Ende setzen kannst.

Die Frage der Fragen

Was musst du tun, damit dein Buch tatsächlich verlegt wird und eine Leserschaft findet?

Zuerst eine große Bitte:

Frage mich nicht, ob ich dein Buch lesen und beurteilen würde und schicke mir das Manuskript unter keinen Umständen zu. Ich mache so etwas aus Prinzip nicht und die Gründe liegen in der Vergangenheit.

Eine junge Frau hat mir vor langer Zeit ihr Manuskript geschickt und mich um meine Meinung gebeten. Ich habe es gelesen und ihr dann ehrlich geschrieben, es sei sicherlich wichtig für sie gewesen, diese Erlebnisse aufzuschreiben, aber ich bin nicht sicher, ob sie Verlag oder Leserschaft finden kann.

Meine Antwort war äußerst freundlich formuliert. Die Reaktion darauf fiel erschreckend für mich aus.

Von der Familie der Frau und ihr selbst kamen heftige Vorwürfe und Angriffe, ich hätte sie entmutigt, beleidigt und in eine tiefe Traurigkeit gestürzt. Sie habe sich so viel Mühe gegeben und von mir Lob und Begeisterung erwartet. Wie also könne ich es wagen, zu behaupten, die Geschichte solle in der Schublade bleiben? Was ich damals schrieb, war meine ehrliche Meinung. Die junge Autorin zu entmutigen oder dermaßen aus der Bahn zu werfen, wie sie behauptete, lag mir fern und ich habe mich entschuldigt.

An diesem Tag habe ich den Entschluss gefasst, niemals wieder eine Meinung zu einem Text abzugeben, außer als Juror in einer Jury, die Einzelmeinungen nicht veröffentlicht.

Zurück zur Frage nach dem passenden Verlag. Mein eigenes Beispiel ist nicht repräsentativ. Anders als bei vielen anderen (durchaus erfolgreichen) Autoren wurde mein Manuskript nicht von zwanzig Verlagen abgelehnt. Bei mir war es umgekehrt: Ein Verlag kam zu mir und hat mich gefragt, ob ich Bücher schreiben wolle. Ich habe damals rotzfrech eine Buchserie mit zehn Bänden angeboten und als Grundlage eine A4-Seite geliefert, mit nichts anderem als dem Titel der Serie, ein paar Zeilen über den Inhalt und zehn Einzeltiteln. Es war die Idee zur *Knickerbocker-Bande*.

Der Verlag hat mir daraufhin einen Vertrag über alle Bücher gegeben, ohne eine Zeile von mir vorliegen zu haben.

Für diesen Vertrauensvorschuss gab es einen Grund: Mit 16 Jahren hatte ich in den Ferien Drehbücher für eine Kinderserie geschrieben, die mit Puppen aufgeführt werden sollte. Diese habe ich zu einem Wettbewerb eingeschickt, bei dem ich gewann.

Wenige Jahre später, nach Abschluss der Schule, hat der Chef des Kinderfernsehens von den Drehbüchern erfahren. Auch wenn er sie nicht ins Programm genommen hat, bot er mir an, etwas anderes zu schreiben.

Vom Radio, wo damals noch Hörspiele und Gute-Nacht-Geschichten gespielt wurden, habe ich aufgrund des gewonnenen Wettbewerbs ebenfalls das Angebot erhalten, zu schreiben.

Als die Anfrage des Verlags kam, liefen in Radio und Fernsehen schon zahlreiche Sendungen von mir. Trotzdem war das Vertrauen des Verlegers in mich enorm.

Ich denke, ich habe es nicht enttäuscht.

Andere Verlage aus Deutschland kamen später, als meine Bücher in Österreich erfolgreich waren.

Der Verlag, der meine Bücher für Erwachsene heute herausbringt, kam ebenfalls zu mir. Es war im Jahr 2018 und das Angebot lautete, einen Erziehungsratgeber zu schreiben. Ich habe abgelehnt, der Verleger war aber hartnäckig und schließlich haben wir uns auf ein Buch über Lebensfreude geeinigt. Es wurde zum erfolgreichsten Ratgeber in diesem Jahr.

An dieser Stelle ein riesiges Dankeschön an alle, die an mich geglaubt und mir Chancen gegeben haben.

Was möchte ich dir damit sagen?

Ganz wichtig: Beteilige dich an Wettbewerben. Schau dich um, google und finde Ausschreibungen, zu denen du dein Werk einschicken kannst. Ich kenne auch andere Autorinnen und Autoren, die so begonnen haben. Das erhöht die Chancen, dass ein Verlag auf dich aufmerksam wird.

Wie kannst du sonst noch einen Verlag finden?

Wenn du selbst ein Buch liest, das dir gefällt und bei dem du denkst, dein eigenes fiele in diese Kategorie, dann schau auf die Homepage des Verlags, ob dort etwas zum Thema Manuskripteinsendungen steht.

Ein Manuskript an einen Verlag schicken?

Das empfehle ich nur, wenn der Verlag auf seiner Homepage Manuskripte willkommen heißt. Achte auch darauf, dass Thema und Genre deines Textes zu dem Verlag passen. Die meisten Verlage beantworten unverlangt eingesendete Manuskripte nicht, weil sie weder das Personal noch die Zeit haben, sie anzusehen.

Alle Verlage wollen ein Exposé, in dem du die Struktur und die Themen deiner Geschichte auf wenigen Seiten schilderst, und zehn oder zwanzig Probeseiten. Das ist durchaus ein Weg, den es zu probieren gilt.

Manuskripte an eine Agentur schicken?

Es gilt das Gleiche wie bei Verlagen: Zuerst auf der Homepage informieren, wie der Ablauf bei dieser Agentur ist und welche Anforderungen gestellt werden. In englischsprachigen Ländern ist es bereits seit langem Brauch, dass Agenten zwischen Verlagen und Autoren vermitteln. In den deutschsprachigen Ländern kommt diese Arbeitsweise mittlerweile auch immer häufiger vor. Manche Verlage nehmen explizit nur noch Autoren unter Vertrag, die auch einen Agenten haben.

Manuskripte in einem der Verlage herausbringen, die dein Buch nur gegen Bezahlung publizieren?

Lies das Kleingedruckte. Vor allem frage dich: Wird dieser »Verlag« dafür sorgen, dass das Buch in Buchhandlungen kommt oder auf andere Weise angeboten wird? Oder sollst du einfach eine bestimmte Anzahl an

Büchern bezahlen, die gedruckt werden und von denen du dann fast alle zur freien Verfügung erhältst?

Recherchiere im Internet genau, bevor du bezahlst, damit dein Buch verlegt wird oder eine Agentur es vertritt und anbietet. Es sind auf diesem Gebiet nicht nur wohlwollende und ehrliche Leute unterwegs. Der Wunsch, das Geschriebene in gedruckter Form zu sehen, ist bei vielen so groß, dass gut Geschäfte mit ihnen zu machen ist.

Selbst verlegen?

Möchtest du dein Buch selbst verlegen, musst du dich sorgfältig über deine Optionen informieren. Sogenannte Druckkosten-Zuschuss-Verlage (DKZ-Verlage) drucken deine Bücher gegen Bezahlung. Danach lassen sie dich aber oft mit den gedruckten Büchern allein, sodass es schwierig sein kann, Abnehmer dafür zu finden.

Allerdings gibt es mittlerweile zahlreiche Selfpublishing-Plattformen mit unterschiedlichen Angeboten. Deine Geschichte auf diese Weise einer größeren Öffentlichkeit zugänglich zu machen, kann sinnvoll sein. Zuerst gilt es herauszufinden, auf welchen Plattformen du dein Werk am besten an interessierte Leserinnen und Leser bringen kannst.

Auf manchen dieser Selfpublishing-Plattformen kannst du dein Buch als E-Book oder als Book-on-demand anbieten. In diesem Fall wird es erst gedruckt, wenn es jemand bestellt und bezahlt. Du musst in diesem Fall, anders als bei DKZ-Verlagen, im Voraus kein

Geld für den Druck bezahlen, allerdings fehlen dir die Vertriebskanäle und Kompetenzen eines Verlags. Cover, Layout, Lektorat, Korrektorat und Werbung musst du entweder selbst machen oder bezahlen.

Du kannst es als Möglichkeit sehen, dein Buch völlig unabhängig und nach deinen Vorstellungen zu verwirklichen. Du musst dir aber auch bewusst sein, dass es so viel schwieriger sein kann, eine Leserschaft zu finden.

Es gibt allerdings auch Beispiele von E-Books, die zu Bestsellern wurden. Die Erzählung *Das Café am Ende der Welt* wurde vom Autor John Strelecky zuerst als E-Book verlegt und ist gut angekommen. Durch diesen Erfolg hat er schließlich seinen Weg in einen Verlag gefunden.

Bei den Büchern von Colleen Hoover war es ähnlich. Sie hat ihre ersten Werke selbst und als E-Books herausgebracht. Durch Mundpropaganda haben sie immer mehr Leserinnen gefunden, weil sie einen Nerv der Zeit berühren. Schließlich kamen Angebote von Verlagen, die heute unter den E-Book-Veröffentlichungen gerne auf Talentsuche gehen. Colleen Hoover zählt mittlerweile zu den meistverkauften Autoren der New-York-Times-Bestsellerliste und hat einen wahren Welterfolg gelandet.

Alles ist also möglich.

DER VERLAG UND DU

Sagen wir, du hast einen Verlag, der dein Buch veröffentlicht. Das Lektorat ist geklärt. Aber wie sollte die übrige Zusammenarbeit aussehen?

Gleich vorweg: Es gibt keinen Standard. Alles ist möglich und alles kann gut funktionieren, oder auch nicht.

Verlage bevorzugen es, wenn Autorinnen und Autoren sich auf das Schreiben konzentrieren und die restliche Arbeit dem Verlagsteam überlassen.

Wie zum Beispiel:

- das Gestalten des Covers
- die Wahl der Schrift und des Satzes, also die Entscheidung, wie viel Text auf eine Seite kommen soll und wie viele Seiten das Buch damit bekommt
- zusätzliche Texte auf dem Cover, vielleicht ein Zitat einer berühmten Person, die das Buch gelesen hat und empfiehlt
- der Text auf der Rückseite, der sehr wichtig ist

Beobachte dich selbst in der Buchhandlung. Mit großer Sicherheit gehörst du zu den vielen Menschen, die ein Buch nehmen, wenn Titel und Cover sie ansprechen, es dann umdrehen und lesen, was hinten als Teaser steht.

Auf Englisch heißt so ein Text übrigens: Burp = Rülpser.

Dann gibt es bei Büchern mit Schutzumschlag oder Flappen noch weitere Teaser, die neugierig machen sollen und die Verlage gerne selbst verfassen.

Wie das Buch beworben wird, welche Marketing-maßnahmen es gibt, entscheidet ebenfalls der Verlag.

Ob du alles aus der Hand gibst und den Verlagsmitar-beitern vertraust, hängt mit deiner Beziehung zum Ver-lag zusammen. Wenn du »mitredest«, kann das durch-aus Aspekte einbringen, die sonst nicht aufgekommen wären. Bist du neu und ist es dein erstes Buch, vereinba-re, in welchen Bereichen du Mitsprache hast. Taste dich in Gesprächen heran, wie die effektivste und beste Ver-bindung zwischen dir und dem Verlag aussehen könnte.

Ich selbst hatte immer ein Bild des Covers und der Innenillustrationen der Kinderbücher vor Augen, wenn ich geschrieben habe. Außerdem habe ich mich in die Größe der Schrift und den Satz eingemischt, weil ich wusste, wie wichtig die richtige Schriftgröße für Kinder ist, die nicht so gerne lesen.

Mich macht auch als Erwachsener ein Satzbild, das man nur mit der Lupe lesen kann, verrückt.

Für das Cover arbeiten Verlag und ich zusammen. Wir feilen, bis wir alle zufrieden sind.

Bei Texten auf der Rückseite und bei Innentexten, die das Buch vorstellen, arbeite ich ebenfalls mit. Die Vor-schläge des Verlags sind meistens gut. Manchmal aber fällt mir etwas ein, das noch neugieriger macht.

Der Vertrieb hat ein wichtiges Wort mitzureden, schließlich stehen diese Menschen an vorderster Stelle und bieten die Bücher dem Handel, also den Buchläden und Buchhandelsketten, an, wo sie so schnell wie mög-lich Leserinnen und Leser finden sollen.

Wer soll sich für dein Buch interessieren, wenn niemand davon weiß?

Ein Buch ist ein Produkt und braucht genauso PR, Marketing und Werbung wie veganer Käse, Toilettenpapier oder Schuhe, die nie kaputt gehen.

Im alleridealsten Fall glaubt ein Verlag so sehr an dein Werk, dass er sich dafür einsetzt und Mittel locker macht, um es optimal zu bewerben.

Dieser alleridealste Fall tritt aber selbst für die Werke erfolgreicher Autoren nicht in dem Ausmaß ein, das du dir vielleicht vorstellst.

Die Beträge, die Verlage für Bewerbung einplanen können, sind nicht groß.

Wenn du dein Werk als E-Book verlegst, so musst du herausfinden, welche Formen von PR möglich sind. Du stehst der Abteilung für die Bewerbung dann selbst vor. Es kann hilfreich sein, zu sehen, wie andere es machen und welche Zusendungen du über die Werke anderer bekommst, wenn du dich auf Plattformen registrierst.

Social Media ist eine Möglichkeit, dich und dein Werk zu präsentieren. Du kannst auch Werbung schalten, die mit Kosten verbunden ist.

Was TikTok, Instagram und Facebook angeht, so bin ich der Meinung, dass es niemanden interessiert, wenn du ständig für dich selbst und dein Buch wirbst. Zuerst einmal solltest du Leuten, die dir folgen, etwas bieten. Gerade als Autorin oder Autor hast du etwas zu erzählen und kannst dich, deine Welt und deine Gedanken vorstellen.

Wenn du dann später den Werdegang deines Buches begleitest und die Erscheinung bewirbst, wirst du auf Interesse stoßen, da Menschen schon einen Eindruck von dir gewonnen haben.

Rezensionen von Menschen, die auf ihren Accounts hauptsächlich über Bücher berichten und sie besprechen, sind eine gute Form der Bewerbung. Allerdings besteht das Risiko, dass dein Werk schlecht wegkommt. Selbst eine solche Rezension kann aber Neugier erwecken.

Falls du die Möglichkeit für eine Lesung bekommst, am allerbesten bei einem Festival oder einem Lesekreis, nimm an. Der persönliche Kontakt zu zukünftigen Leserinnen und Lesern kann mehr bewirken als ein meterhohes Plakat.

Um dich ein wenig unter Stress zu setzen: Du kannst mit einer schlechten, langweiligen Lesung nicht nur mögliches Publikum vergraulen, sondern auch alle Menschen, die die Lesung veranstalten und/oder deine Bücher verkaufen sollen.

Zur Beruhigung: Gute Lesungen sind keine Raketenwissenschaft. Ich habe zusammengeschrieben, was ich dir empfehlen kann.

Die (fast) perfekte Lesung

Vielleicht hast du schon einmal eine Lesung erlebt, bei der jemand vorn sitzt und murmelnd liest. Das Ende kann man nur erraten, weil die Person ins Publikum schaut und die Lippen nicht mehr bewegt.

Langweilig! Nein, so wirst du das nicht machen. Kapiert?

Wichtig für deine Lesung:

o   Wähle die Stellen besser eine Spur zu kurz aus als zu lang. Das Publikum soll denken: SCHADE, DASS ES SCHON AUS IST. Aber niemals: NA ENDLICH!

o   Bevor du zu lesen beginnst, stell dich vor. Erzähle, wieso du dieses Buch schreiben wolltest. Was hat dich bewegt?

o   Halte keine Rede darüber, was du ausdrücken willst oder welche Veränderung die Geschichte in die Welt bringen soll. Das können Menschen später selbst herausfinden.

o   Ist es ein Krimi, präsentiere die ermittelnden Personen. Wie sind sie dir eingefallen?

o   Mach Probelesungen vor Menschen aus deinem Umfeld, die dein Bestes wollen. So findest du auch heraus, wie lang deine Präsentation ist. Falls du eine Vorgabe bekommen hast, solltest du sie unbedingt einhalten.

o   Wenn Leute dir nach der Lesung Fragen stellen können, fordere sie auf, wenn das die Gastgeber in der Buchhandlung, der Bibliothek oder dem Festival nicht tun.

- Meistens meldet sich niemand. Keiner will den Anfang machen. In diesen Fällen hilft, wenn du dir ein paar Fragen im Vorhinein überlegst und in die Stille sagst: »Ich bin schon gefragt worden ...« Dann erzähle die Frage und gib die Antwort. So bekommen die Menschen im Publikum Mut, die Hand zu heben.
- Bitte sage niemals: Und nun kaufen Sie mein Buch! Das ist würdelos. Besser klingt: Wenn es jemand will, signiere ich gerne Bücher.

Falls du vor einer Lesung nervös bist, kann ich dir zur Beruhigung sagen: Das Lampenfieber hört nie ganz auf. Ich kenne es bis heute.

Mir hat jemand einmal folgende Weisheit mitgegeben: Wenn du vor Publikum gehst wie aufs Klo, geh nur noch aufs Klo.

DER SCHLECHTESTE UND DER BESTE FALL

Du hast viele Wochen lang geschrieben.

Vielleicht Monate lang.

Oder sogar mehrere Jahre.

Das Manuskript ist endlich fertig.

Wie kann deine Geschichte weitergehen?

Möglichkeit 1

Das Manuskript findet niemanden, der daran interessiert ist. Keine Agentur, keinen Verlag und als du es als E-Book veröffentlichst, ist die Nachfrage null.

Ist das eine Pleite?

Nur, wenn du es dazu erklärst und in deinem Kopf eine Niederlage daraus machst.

Tut es weh, kränkt es, nagt es an deinem Selbstbewusstsein?

Na klar!

Heißt es, dass du niemals ein Buch schaffen wirst, das eine Leserschaft findet?

Nein. Schreib weiter.

Vor vielen Jahren habe ich auf einem neuen Tablet eine App gefunden, mit der ich E-Books lesen konnte. Es gab ein Sonderangebot, einen Roman um nur einen Euro. Ich habe ihn gekauft und zu lesen begonnen. Die Geschichte war spannend.

Der Autor war Dan Brown, dem einige Jahre später mit *The Da Vinci Code* ein Weltbestseller gelang, der alle Bücher, die Brown davor geschrieben hatte, mitgerissen und ebenfalls zu Bestsellern gemacht hat.

Möglichkeit 2

Dein Buch wird verlegt. Du platzt vor Stolz (zu Recht) und erfährst nach einem Jahr, dass exakt 64 Exemplare verkauft wurden.

Eine Niederlage?

Siehe, was ich davor dazu geschrieben habe.

Du hast immerhin deine Autorenexemplare, die du kostenlos bekommen solltest. Damit steht dein Werk, deine Geschichte, in die du Herz und viel Arbeit gesteckt hast, in deinem Regal.

Vielleicht bist du bei einer Agentur oder einem Verlag, die Potenzial in dir sehen und dich ermuntern, einen weiteren Roman zu schreiben.

Dann geht es weiter.

Wenn nicht, dann kannst du trotzdem weiterschreiben und von Neuem versuchen, das Buch herauszubringen.

Ist das mühsam und birgt es Frustration?

Ja.

Du musst entscheiden, was dir wichtiger ist: ein verlegtes Werk oder dein Selbstmitleid und die Möglichkeit, darüber zu jammern, du wärst ein verkanntes Genie.

Möglichkeit 3

Dein Buch kommt so ein bisschen an. Es läuft nicht schlecht, aber auch nicht richtig gut.

Du hast immerhin ein Buch auf dem Markt und kannst etwas zeigen. Das gibt dir einen kleinen Vorsprung, wenn du weitermachst und weiterschreibst.

Die beste Möglichkeit

Dein Buch wird ein Hit und die Verkäufe gehen durch die Decke.

Gratulation. Du wirst auch recht gut verdienen. Allerdings geben Verlage Neulingen nie wirklich gute Verträge, also kannst du dich auch ärgern, dein Buch zu billig hergegeben zu haben.

Dann kommt das Angebot für ein zweites Buch. Du setzt dich hin und …

… totales Blackout. Die Angst, keinen Erfolg mehr zu schaffen, lähmt dich. Ich rede nicht von einer Schreibblockade, sondern von schwarzem Nebel im Hirn.

Hat es alles schon gegeben. Ich kenne Beispiele, möchte sie aber nicht aufzählen.

Oder du quälst dich, bis du endlich einen Roman Nummer zwei schaffst, der lauwarm angenommen wird.

Oder du schreibst einen zweiten Roman, hältst ihn für wesentlich besser als den ersten, bleibst damit aber allein. Sowohl Kritik als auch deine Leserschaft sind nicht begeistert.

Oder dein zweites Buch wird wieder ein Hit und du tanzt vor Freude und schreibst Tag und Nacht an Roman Nummer drei. Dann vier, dann fünf, dann sechs ...

Wie stark kannst du deinen Erfolg planen?

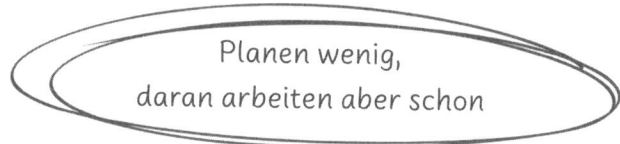

Planen wenig,
daran arbeiten aber schon

Schreib, so gut du kannst!

Gib dein Bestes, das du in diesem Moment geben kannst!

Mein Deutschprofessor hat meiner Mutter am Sprechtag der sechsten Klasse Gymnasium gesagt, ich hätte einige Talente, Deutsch aber zählt nicht dazu.

Als ich im selben Jahr einen Wettbewerb mit fünf TV-Drehbüchern für eine Kinderserie gewonnen habe, hat das in der Schule niemand beachtet.

Wenn du mir gesagt hättest, ich werde eines Tages als Bestsellerautor bezeichnet, hätte ich mit zwanzig Jahren ungläubig gelächelt.

Wenn du mir beim Erscheinen meiner ersten Bücher der Knickerbocker-Bande gesagt hättest, dass meine Geschichten eines Tages in mehr als vierzig Ländern gelesen werden, hätte ich das nicht für möglich gehalten.

Eines der größten Geheimnisse des Erfolgs ist, zu wissen, dass er genau das tut, was sein Name sagt: Er folgt.

Erfolg kann nur erfolgen, wenn du ihm mit deiner Arbeit die Chance dazu gibst.

Es hilft, im Kopf ein klares Bild zu behalten und immer wieder zu visualisieren, dass viele Menschen von deinen Geschichten begeistert sind und du ihnen eine wunderbare Zeit beim Lesen bereitest.

Nennt man es Glück oder Schicksal, ist es eine Fügung oder will es so sein, ich weiß es nicht, aber wenn das richtige Buch zur richtigen Zeit am richtigen Ort ist, kann der Erfolg gewaltig sein.

Ich fürchte, wir können aber nicht vorhersagen, was das »richtige« Buch ist, und es nach Parametern schreiben. Wir wissen auch nie, was der richtige Ort ist. Das Buch kann durch Lizenzverkäufe und Übersetzungen an verschiedene Orte gelangen. Wo es die größte Begeisterung auslöst, ist oft eine Überraschung.

Und die richtige Zeit? Auch die kann man nicht in der Kristallkugel sehen.

Ein paar Beispiele aus meinem Schriftsteller-Leben:

Die Buchserie *Alle meine Monster* war in der Originalausgabe im deutschen Sprachraum nie ein großer Hit. In Spanien aber gibt es sogar eine Empfehlung im Lehrplan der Schulen dafür. Die Auflagen dort sind ein Vielfaches des deutschen Originals.

Ein Fall für dich und das Tiger-Team ist als Buchserie in viele Länder verkauft worden. Zehn Jahre nach dem Erscheinen habe ich eine Nachricht aus China erhalten: Dort hat sich das Tiger-Team zum Bestseller entwickelt. Mein chinesischer Verlag hat mich zu einer Lesetour eingeladen, da bereits eine Million Bücher verkauft worden waren.

In China zähle ich zu den meistübersetzten Autoren über alle Genres hinweg, also nicht nur im Bereich Kinderbuch. Niemand hätte damit jemals gerechnet.

Ich kann nur wiederholen, was ich zu Beginn dieses Kapitels schon gesagt habe:

Schreib, so gut du kannst!

Gib dein Bestes, das du *in diesem Moment* geben kannst!

Welche Schritte du setzen kannst, damit dein Werk an eine Leserschaft kommt, habe ich schon beschrieben. Es gibt aber sicherlich noch viele andere Möglichkeiten.

Meine Erkenntnisse: Umwege sind ein guter Weg zu Zielen, die du nicht für möglich gehalten hast.

Sei dir für nichts zu gut, vor allem nicht, wenn du zu schreiben beginnst.

Nutze jede Chance.

Meine Lust hat immer darin bestanden, mir Geschichten auszudenken und zu schreiben.

Ich war von Stolz erfüllt, als die ersten Gute-Nacht-Geschichten von mir im Radio zu hören waren.

Sie waren ein wichtiger Schritt in die Richtung, die mein Weg, mein Werdegang, meine Karriere, genommen haben.

Wer schreiben will, schreibt!

Es muss nicht immer gleich ein Buch sein. Es gibt so viele andere Möglichkeiten. Nimmst du sie ernst, schreibst du mit Ernsthaftigkeit und auf die beste Art, die du zu diesem Zeitpunkt bieten kannst, können kleinere oder andere Werke zu wichtigen Stufen für dich auf der Treppe zu deinem großen Werk werden.

DAS WICHTIGSTE ÜBERHAUPT

So, zum Schluss sage ich dir das Wichtigste:

Du wirst im Leben kaum jemals bereuen, was und dass du geschrieben hast.

Du wirst es aber eines Tages sehr bereuen, wenn du *nicht* geschrieben hast.

Du willst schreiben?

Tu es!

Worauf wartest du noch?

Leg endlich dieses Buch weg
und schreib dein eigenes.